「超」独学法

AI時代の新しい働き方へ

野口悠紀雄

角川新書

はじめに

独学は、無限の可能性を持っている。そのことをできるだけ多くの方に知っていただくために、本書は書かれた。

新しい勉強の時代が到来している。

勉強の必要性が高まるとともに、独学で勉強することが容易になった。

ウェブや検索を利用することによって、20年前には想像もつかなかったほど効率的に独学を進めることができる。このチャンスをうまく活かすことができるかどうかで、その人の将来は大きく違うものになるだろう。

「勉強が必要だとは感じているが、どのように進めたらよいか分からない」と考えている人が多い。

そうした方々は、本書によって、独学がいかに効率的な勉強法であり、しかも、楽しいものであるかを知っていただきたい。そして、独学の素晴らしさを実感していただきたい。

本書が主たる読者として想定しているのは、学校教育を終えて仕事に携わっている方々だ。それらの方々に対して、本書が新しい可能性を開くガイドになることを、望みたい。

日本の未来は、そうした人たちの努力によって開かれていくだろう。

本書の概要は、次のとおりである。

第1章では、独学を「とにかく始める」ことを提唱する。周到な準備をしてからおもむろに歩み出すのではなく、とにかく始めるのだ。

何事においても最初の一歩を踏み出すことができれば、物事は進展する。難しいのは、第一歩目を踏み出すことだ。

多くの人は、勉強するなら学校に通わなければならない、あるいは先生につかなければならないと考えている。しかしこれは、独学の可能性を具体的に検討した上での結論ではなく、単なる思い込みである。

独学が難しいというのも、思い込みにすぎない。このような考えから脱却することが重要だ。

第一歩を踏み出すための具体的な方法として、本書はいくつかの提案をしている。第1章に示す図表1－3（35ページ参照）にしたがって、実行していただきたい。

独学で勉強して成功した人は、昔から大勢いる。第2章では、そうした人々がどのようにして独学を進めたかを見る。彼らの方法は参考になるし、困難な環境の中で勉強を続けた人々がいたことを知るのは、独学者にとっての大きな励みだ。

第3章では、私自身の経験を述べる。私も、学校の勉強のかたわらで独学を続けてきた。そして、仕事を始めてからは、まったくの独学で新しい分野に挑戦した。そうした経験に基づいて、独学こそ最も効率的な勉強法であると、間違いなく断言できる。

第4章では、新しい勉強の時代が到来していることを指摘する。

これまでの日本では、勉強は学歴を取得するための手段だった。だから、仕事を始めてからも勉強を続ける人は稀（まれ）だった。

しかし、技術進歩と社会変化のスピードが速くなると、学校で習った知識だけでは仕事をするのが難しくなる。勉強を続けていかないかぎり、社会から取り残されていく。

しかも、人生100年時代にはいつまでも活動を続けていく必要がある。だから、生涯にわたって勉強を続けていかなければならない。

勉強を続けていれば、組織に依存せずに働くことが可能になるだろう。兼業や副業を認める企業が日本でも増えつつあるので、現役時代に兼業や副業を始めて準備を行い、定年後にそれを拡大して、独立したフリーランサーとしての仕事を生涯続けるといった働き方も夢ではなくなる。

第5章では、学校と独学を比較する。学校では、教えられることを受動的に受け入れる。それに対して、独学では、知りたいことを積極的に求める。

独学は、自分の知りたいことだけを学べる、柔軟に方針を変えられる等の利点を持っている。しかし、すべての点で独学が優れているわけではない。第5章では、これらの問題についても述べる。

独学を続ける場合の最大の問題は、長続きせず、途中で挫折してしまうことだ。そうならないためには、どうすればよいか？　その具体的な方法を第6章で述べる。

独学のもう1つの大きな問題は、「何を学ぶべきか」を、自分で決めなければならないことだ。方向を間違えてしまっては、いくら努力しても意味がない。

学校の場合にはカリキュラムが準備されているが、独学ではそれを自分で作らなければならない。この問題の解決法を、第7章で述べる。

第8章では、実際の仕事に使うための英語の勉強法について述べる。ここでとくに強調したいのは、その分野に特有の用語や表現法を覚えることだ。これらを知らずに一般的な挨拶の仕方などを覚えても、実際の仕事にはほとんど役に立たない。逆に、専門家同士のコミュニケーションは、専門用語を知っていれば、それだけでかなりの程度進む。英会話学校の最大の問題は、専門用語を教えられないことだ。

英語の勉強のためには、通勤電車の中でYouTubeの動画を聞くのが一番よい。そのためにどのような教材を選べばよいか、字幕をどのように使うべきかなどを述べる。英語を完全に聴けるようになれば、自動的に話せるようになる。つまり、英語の勉強は、「聴く」ことに集中すればよいのであって、「話す練習」をする必要はまったくない。

第9章では、検索について述べる。「いかにして検索をするか」という方法論だ。検索すべきキーワードが分からないときにどうするかが、最大の問題だ。それに対処するいくつかの方法を提案する。

第10章では、IT（情報技術）の進展に伴って勉強の必要性がどう変わるかを論じる。A

Ｉ（人工知能）がいかに進歩しても、勉強の必要性はなくならない。むしろ、ＡＩが進歩するほど、勉強の必要性は高まるだろう。

本書の刊行にあたっては、企画の段階から、株式会社ＫＡＤＯＫＡＷＡの伊藤直樹氏、大川朋子氏、黒田剛氏にお世話になった。何回ものブレインストーミングを通じて、大変有益な示唆を得た。御礼申し上げたい。

２０１８年５月

野口悠紀雄

目次

第2章　独学者たちの物語……43

第7章　学ぶべきことをどのように探し出すか？……155

第8章　英語は独学でしかマスターできない……171

第9章 検索は独学の重要な道具

第10章 人工知能の時代に独学の必要性は高まる……… 219

図表

第1章　独学の第一歩を踏み出そう

1.「独学は難しい」という思い込みから脱却する

独学の勧め

本書は、独学の勧めである。

独学がどんなに素晴らしいことを実現するかを示し、そのための方法論を述べる。

勉強の必要性は、多くの人が認める。ただし、勉強という場合に多くの人が思い浮かべるのは、学校での勉強だ。

確かに、現代社会での勉強は、学校を中心になされている。学齢期における勉強はもちろんのこと、社会人になってから勉強をする場合にも、学校に通う人が多い。実際、資格取得などのための各種学校や、社会人教養講座が多数ある。

本書では、これに対して、学齢期後の勉強については、1人で勉強を進める「独学」のほうが有効であることを指摘し、その重要性を強調したい。

社会人にとっての独学は、学校での勉強の補完物でも代替物でもない。多くの場合に、それより効率的で優れている。

独学は、新しい時代の新しい勉強法だ。この方法を活用して能力を高めていく人が、これからの社会で活躍できるだろう。

本書が対象と考えているのは、学校教育の課程を終了した後の社会人だ。仕事をしながら、より多くの知識とスキルを求める人である。

ただし、社会人だけでなく、大学や大学院で勉強している人、あるいは大学受験のために勉強している人も、ぜひ、本書から独学の方法論を学び取っていただきたい。

「勉強するには学校に通う必要がある」という偏見

多くの人は、次のように信じ込んでいる（図表１－１参照）。

「社会人になってから勉強する場合にも、学校に通って講義などを受けるのが本道だ」

「本当は講座を受講したり、教師につくのがよいのだが、それには費用がかかるから、やむをえず独学をするのだ」

こう考える理由は、「独学は難しい」という思い込みだろう。

図表1－1　思い込みから脱却しよう

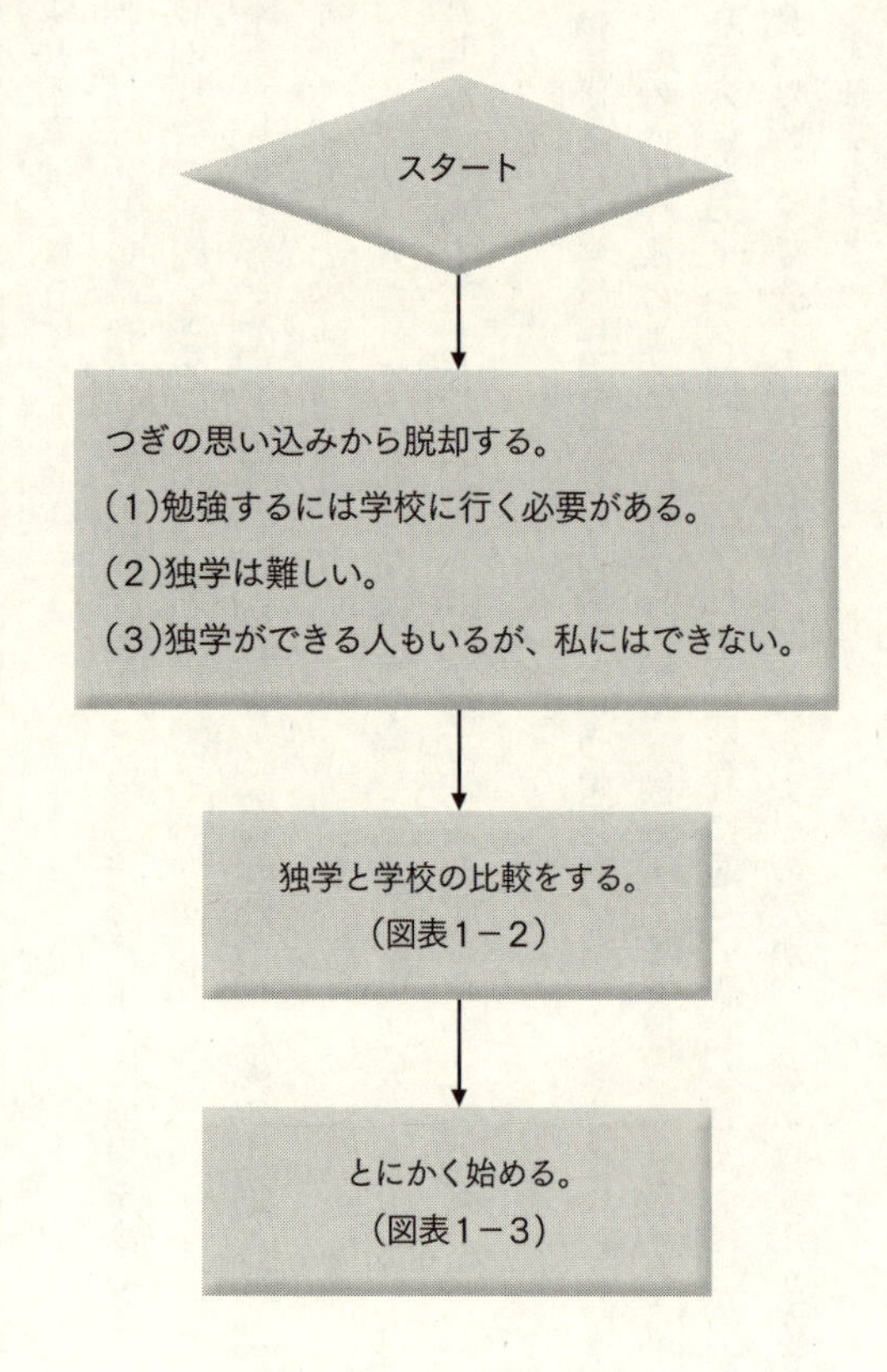

教室に行けば、自動的に知識が身につく。ベルトコンベアに乗ったようなものだ。「しかし、独学ではそうはいかない」と考える。

独学では、何を学ぶべきかというカリキュラムを自分で作る必要があるが、それは大変だと考える。あるいは、勉強を続ける強制力が働かないため、途中でギブアップしてしまうのではないかと、心配になる。

ただし、「独学より学校がよい」という考えは、多くの場合、長所・短所を深く考えた末の結論ではない。右のことは確かに問題だが、克服できないものではない。

「勉強とは、学校に通って教室に座り、先生が教えるのを聞くことだ」という、学生時代からの習慣を引きずっているだけのことが多い。これは、単なる思い込みだ。

「独学で学ぶ」という選択肢を、最初から考慮していない場合が多い。独学と教室で学ぶのとを比較し、合理的な理由で後者を選択したというのではなく、そもそも、そうした比較を行っていないのだ。

よく考えて比較すれば、独学のほうがよいことが分かるはずだ。

独学に才能はいらない

「世の中には独学ができる人とできない人がおり、独学ができる人は、人から言われなくても独学する。それに対して、独学ができない人は、いくら独学を勧めても、その能力がないのだから、できない」「独学の方法を人に教えられるというのは、そもそも矛盾だ」。

このような意見もあるだろう。しかし、この考えは間違っている。すでに述べたように、「独学では勉強できない」というのは、単なる思い込みなのだ。そして、その考えを変えるチャンスに恵まれなかっただけのことだ。以下に述べることを参考にして、考えを変えていただきたい。

本書でこれから述べるように、多くの場合において、独学は、教室で学ぶよりは効率的な勉強法なのである。

もちろん、世の中には、「勉強をする気など一切ない。短い人生なのだから、勉強などして無駄に過ごすよりは、思う存分遊びたい」という人もいるだろう。そう考えている人は、本書の対象外だ。「勉強したいが、独学はできない」と考え、「独学はできない」として教室に学びに行く人たちに対して、本書は「独学のほうがよい」とアドバイスしたい。

「勉強が重要であることはよく分かるのだが、独学のやり方が分からない」という人のために本書は書かれた。

2. なぜ独学のほうがよいのか？

独学は受け身でなく、プルする

以下では、学校に通って講義を受けることと、独学で勉強することとの比較を行おう。

まず、講義を受けることと、独学の基本的な違いは何か？

講義の受講は、「プッシュ（押し出し）を受ける」ことだ。つまり、受動的な勉強法である。それに対して、独学では「自らプル（引く）する」。つまり、能動的な勉強法である。

学校では、教室に入って座っていれば、こちらで何のアクションをしなくても先生が教えてくれる。そして、先生が言うことを受け入れればよい（本当はそうではなく、事前に予習をしたり、教室で質問をしたりして、能動的、積極的に参加することが必要なのだが）。

独学なら、必要なことを重点的に勉強できる

「独学が難しいという考えは間違っている。独学は可能である」と1で述べた。

それだけでなく、多くの場合において、独学は学校に通う勉強法より効率的なのだ。図表1−2にしたがって、独学と学校を比較してみよう。

独学の第1の利点は、自分の事情に合った勉強ができることである。また、個人個人の事情や要請に柔軟に対応できる。

初等教育での教育内容は、誰にとっても必要なことだ。それは、簡単にいえば、「読み書きそろばん」である。いわば、社会に入るための最低必要条件だ。

しかし、社会人になってからの勉強では、学ぶべき内容や条件が人によって大きく異なる。「何をどれだけ知ればよいか」は、人によってさまざまだ。この点が、学校教育の場合と大きく違う。

したがって、さまざまなことについて「広く浅く」勉強するのでなく、「知るべきことに焦点を絞って」勉強することが必要になる。

独学なら、知っていることは飛ばせる。そして、必要なことをいくらでも深く勉強できる。

図表1－2　独学と学校の長所、短所

項　目	独学	学校での勉強	独学の問題点を克服するには	参照
自分に必要なものだけを重点的に学べる	○	×	―	第1章
自分の都合のよい時間に勉強できる	○	×	―	第1章
事情が変化したとき柔軟に対処できる	○	×	―	第1章
楽しいか？	○	(場合による)	―	第1章
勉強を続ける強制力が働く	△	△	教えるなどして強制力が働くようにする	第6章
カリキュラムが用意される	△	○	体系的な教科書を読む。オンライン講座を受講する	第7章
勉強仲間の人的ネットワークを作れる	△	○	ホームページなどの活用	第5章
仕事の確保につながる	×	△	―	第5章

注：○は長所、×は短所。△は欠点だが、対処可能

例えば、仕事で使う英語は、一般的な英会話を学んでも、ほとんど意味がない。どのような仕事をやっているかによって、必要な英語は違う。ビジネスに必要な英語は、英会話学校では学べない。これを学ぶには、独学で勉強するしか方法がない。この点は、第8章で詳しく論じる。

独学は、事情が変化したときに対処できる柔軟性もある。学校に通っている場合には、一度選択したコースを変更するのは難しい。しかし独学なら、知りたいことを柔軟に変更できる。やり直しもできる。

さらに、自分の都合に合った勉強ができるし、スキマ時間を活かした勉強などができるという利点もある。また、費用があまりかからないということもある（ただし、「費用がかからないから独学のほうがよい」というわけではない）。

独学は楽しい

独学のもう1つの大きな長所は、楽しいことだ。

そもそも、われわれはなぜ勉強するのだろうか？

能力を高めるために必要だからだ。そして、勉強すれば、リターンがあるからだ。このような意味での勉強の効用については、第4章で述べる。

ただし、勉強する理由は、それだけではない。

一番大きな理由は、勉強することが楽しいからだ。

人間は、生まれたときには、ごく限定的な能力しか持っていない。人間の能力のほとんどは、後天的な勉強（学習）によって獲得する。こうした意味で、人間はきわめて特殊な動物なのだ。

人間の本質は、勉強にある。勉強こそ、人間の人間たる所以(ゆえん)だ。だから、勉強することは本能的に楽しいのだ。

「勉強したい」という本能に導かれて行う独学は、大変楽しいものである。おそらく、どんなことよりも楽しいだろう。

ITの発展で独学の優位性が増した

インターネットが発達したことによって、独学のための条件は飛躍的に改善された。

検索サービスを利用して、知りたい知識を得ることができる（第9章参照）。英語などを勉強するための教材がウェブで簡単に手に入る（第8章の5参照）。大学と同じレベルの独学コースも提供されている（第5章の3参照）。さらには、自分が勉強した成果をウェブで発表したりすることもできる。

しかも、スマートフォンが発達したので、こうしたことがどこでも簡単にできるようになった。満員電車の中でも可能だ。

ITの発展によって、「知識をプルする」ための条件は以前に比べて大きく改善し、知識のプルは、ずっと容易になったのである。そして、第10章で述べるように、技術が進歩すると、独学のための条件はさらに改善されるだろう。

独学の優位性が増したのである。20年前には、独学は難しかった。あるいは、効率が悪かった。それが変わったのだ。独学は21世紀の勉強法である。

独学には欠点もある

ただし、独学は、よいことばかりではない。欠点もある。

学校に通うこととの比較で言えば、つぎのような問題がある（図表1－2参照）。

第1に、継続できないで途中でやめてしまう危険が大きい。どうすれば継続できるか。これについての具体的方法は、第6章で論じる。

第2に、「ある目的を達成するために、何を勉強したらよいのか、どのように勉強したらよいのか」ということが必ずしも明確でない。これは、「カリキュラムを作るのが難しい」と言ってもよい。「知るべきことをどのように探し出すか」。この問題は、第7章で検討する。

第3に、学校のよい点は、同じ目的を持っている仲間を作れることだ。しかし、1人で勉強していると、クラスメイトや勉強仲間が作れない。

独学の場合に仲間をどう作るかは、難しい問題である。

3．とにかく始めよう

始めるための3つの提案

最もよくないのは、学校にも行かず、独学もしないこと。つまり、「何もやらない」ことだ。

とにかく第一歩を踏み出すべきである。一歩踏み出せば、条件が変化し、新しい世界が開ける。そして、つぎの一歩への道筋ができる。

どんな仕事でも、最も難しいのは最初の第一歩である。勉強の場合にもそれが言える。前進の手がかりをつかむことこそ重要だ。多くの人は、構えてしまって第一歩を踏み出さない。「どの資格を目指そうか」「そのためにはどの学校を選ぶべきか」などと考えていると、なかなか結論が出ず、いつになってもスタートできない。

そうするのではなく、つぎに提案する3つの事項をいますぐ実行してみよう（図表1－3参照）。そこから勉強がスタートする。

提案（1）：検索して調べる

第1の提案。新聞を見ていて分からない言葉があったら、検索で調べよう。

いままで何度か耳にしたり目にしたりしたが、気になりながらも意味をきちんと調べずにいた言葉があるに違いない。あるいは、見たことのないキーワードがカタカナで記されているかもしれない。

そうした場合に、インターネットで調べてみよう。分からないことがあったらとにかく検索して調べてみるのだ。大抵の場合は、すぐに分かる。あまり大したことでないと分かる場合もあるし、重要だと分かる場合もある。1つのキーワードが、新しい世界を切り開くため

図表1－3　とにかく始める

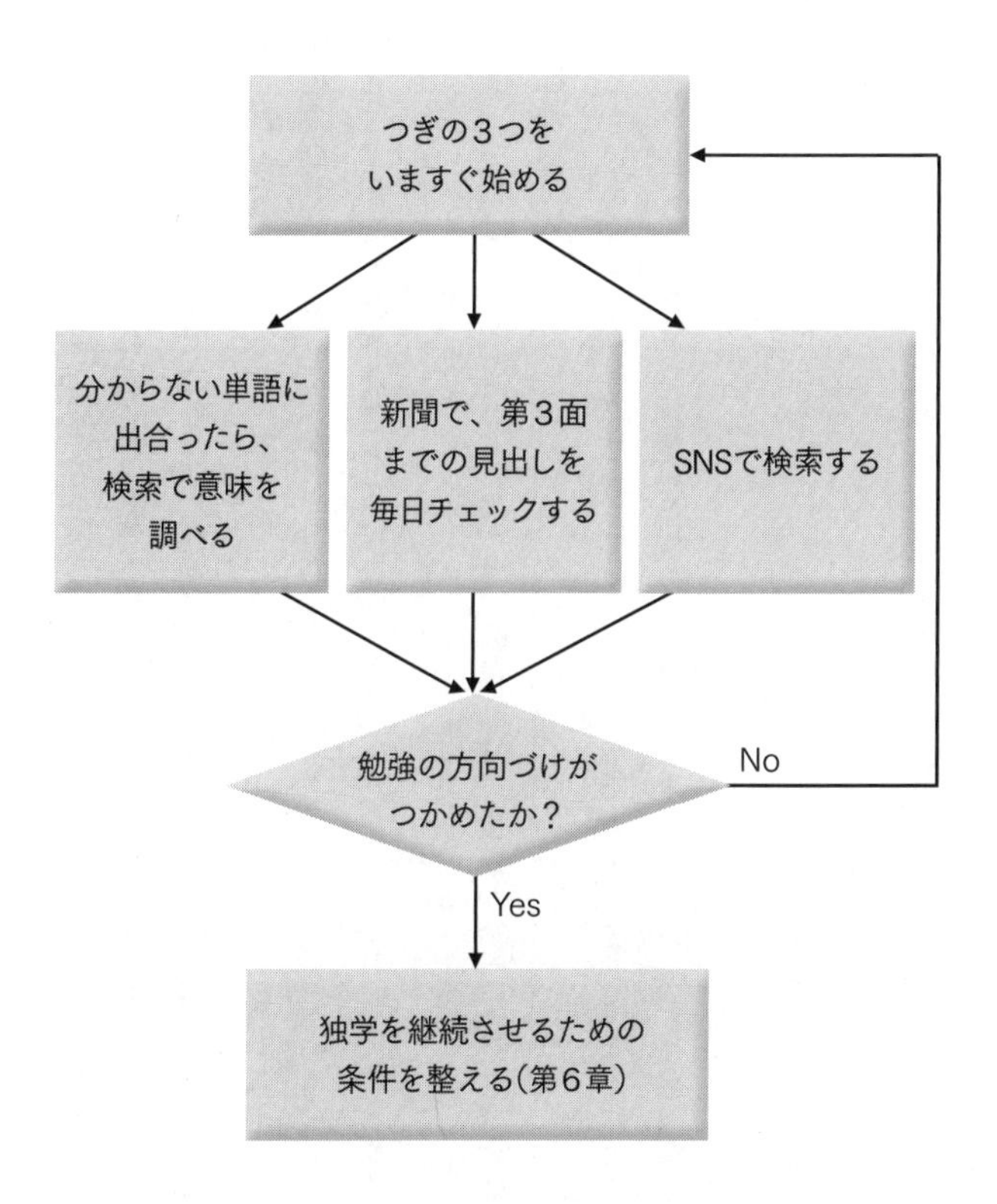

のきっかけになることもある。

毎日最低1つは、新しい言葉を調べること。これを習慣にしよう。

これは独学の第一歩である。この場合に重要なのは、疑問に思っていることを放置せず、「調べよう」と思うことだ。そして、すぐに調べることだ。すぐにできなければ、調べるべき言葉を、忘れないようにメモしておこう。

独学とは、別に大げさなことではない。このように、「知りたいことを調べる」ということなのである。

20年前であれば、調べようとしても、簡単にはできなかった。物知りに聞いたり、図書館で調べる必要があった。

しかし、いまでは、ウェブで調べることによって大抵のことはすぐに分かる。最近では、わざわざPC（パソコン）を立ち上げて検索ウインドウを開かずとも、音声で検索できるようになった。

グーグルホームやアマゾン・エコーなどのAIスピーカーは、話しかけるだけで質問に答えてくれる。

検索をすることによって新しい世界が開ける。世の中が変わる。そこから新しいビジネスのチャンスが生まれる。あるいは将来の人生設計が開けるだろう。

提案（2）：新聞で、第3面までの見出しを毎日チェックする

第2の提案。新聞の見出しを、毎日チェックしよう。必ずしも本文を読まなくともよい。しかし、見出しは、とくに大きな字の見出しは、毎日必ずチェックする。

できれば全ページをチェックするのがよい。しかし、少なくとも第3面あたりまでは、必ずチェックする。

それによって、社会でいま何が問題になっているかが分かる。

もし興味を引かれるテーマがあったら、それをフォローしよう。記事の中に分からない言葉が出てきたら、検索で調べる。

興味を持てば、自分から進んで情報を求めるようになる。そして、さらに興味が広がる。

このようにして、勉強の好循環が発生するのだ。

提案（3）：SNSで検索する

第3番目の提案は、SNS（ソーシャル・ネットワーキング・サービス）で検索することだ。ツイッターやフェイスブックなどのSNSを使っている人は、それで検索をして問題を探すのもよいだろう。

また、自分のやっている仕事に近い内容の外国映画を見るのもよい。そうすれば、専門用語を外国語で知ることができる。あるいはYouTubeで説明している画像を見てもよい。

大げさに考えず、とにかく第一歩を踏み出そう

何かに興味を抱き、それを学ぼうとすることが、独学の第一歩である。

それは10年前、20年前と比べて、ずいぶん簡単にできるようになった。だから、それを積極的に活用しよう。

独学は、資格を取るためのものだけではない。あるいは、外国語に習熟することだけではない。もっと簡単なことから始められるものだ。独学の対象は、目の前にいくらでも転がっている。

少なくとも出発点においては、系統立った勉強でなくともよい。断片的なことの独学であっても一向に構わない。これが、重要なことの手がかりになる場合が多い。

「いつかやろう」と考えて、いつになっても始めないのが一番よくないのだ。

スタートしてから準備する

「学校選び」から始めるのでは、間違った選択をした場合のやり直しのコストが高い。しかし、右に述べた3つの提案を始めるだけなら、間違った方向であっても、やり直しのためのコストはかからないだろう。

この方法によって勉強すべき方向が分かったら、その方向に進めばよい。

途中で行き詰まるかもしれないが、そのときには考え直せばよい。要するに、歩きながら考えて、必要なら方向を修正すればよいのだ。

何もしないのではなく、また、テレビを見て漫然と過ごすのでもなく、とにかく勉強を始めるべきだ。第一歩を踏み出すことが重要だ。

こうしたことをしばらく続けていれば、それが楽しいことだと分かってくるだろう。そして、それが何らかのよい結果をもたらしてくれることにも気がつくだろう。調べるのも、バラバラに調べるのではなく、系統立って調べるようになるだろう。

スマートフォンの操作に習熟してきたら、自分でブログやホームページを開設する。あるいはＳＮＳで発信するということをやってみる。

この段階になったら、本書の第6章を参照して、目的意識を明確にし、準備をしていただきたい。そして、第5章を参照して、学校とどちらがよいかを比較検討する。その上で、第4章を参考として、将来の仕事にどのように活用できるかを考えてみよう。

独学をする場合のテクニックについては、語学の勉強や検索の方法を中心に、第7、8、9章で述べている。これらを参照していただきたい。

なお、独学で習得できることとしては、これら以外にも、文章の書き方、プレゼンテーションの方法、説得の仕方、集中すべき対象の見つけ方、発想の方法などもある。これらについては、別の機会に述べることとしたい。

敵・味方理論

独学する習慣を持っている人と持っていない人の間では、時間が経てば大きな差が生じてしまう。

これに関して、私は、「敵・味方理論」というものを信じている。

あるものが敵であると考えると、自分からますます遠ざかってしまって、本当に敵になってしまう。その反対に、味方であると考えると、自然に自分に近づいてくる。

分からないことは、自分の敵である。それを調べないで放置しておけば、敵のままだ。そして、時間が経つにつれてますます遠ざけてしまう。

これを調べてみれば、意外と簡単なことであったり、あるいは自分の役に立つ場合もある。つまり味方であることが分かる場合もある。そうなれば、もっと調べてその専門家になれるだろう。

インターネットが登場したときもそうだった。これを敵だと考えると、それを遠ざけて利用しない。ところが、他の人はインターネットを使ってさまざまなことをやっている。このため、ますますインターネットは敵になってしまう。

しかし、インターネットの使い方を十分に会得していなくとも、自分の味方であると考えると、いろいろな機会にそれを利用し、利用の仕方が次第にうまくなっていく。こうして、インターネットが実際に自分の味方になる。

外国語についても同じだ。味方になると考え、映画のＤＶＤを見るときも英語を聴き取ろうとしていると、次第に聴き取れるようになる。

敵か味方かというのは、多くの場合に主観的な判断なのである。または、食わず嫌いによる単なる思い込みなのである。あるいは、単なる好き嫌いであると言ってもよい。

そして敵と考えるか味方と考えるかによって、その後の状況が大きく変わるのだ。

自動的に敵が味方に変わることはない。こちら側で何らかのアクションをとらなければならない。そのアクションが、独学なのである。

独学によってしか、敵を味方に変えることはできない。

第2章　独学者たちの物語

1. 外国語を独学でマスターした人たち

外国語を独学で習得したシュリーマン

この章では、独学によって成功した人たちについて述べよう。ここで取り上げるのは、有名な人たちだ。独学で成功した人は、これ以外にはるかに大勢いるはずだ。

外国語を独学で習得した人は、大変多い。

有名なのは、ドイツ人の考古学者ハインリッヒ・シュリーマン（1822年－1890年）だ。ギリシャ神話に登場する伝説の都市トロイアの話を幼いときに聞き、それが実在すると信じて、実際に発掘して証明した。

13歳でギムナジウム（ヨーロッパにおける8年制の中等教育機関）に入学したが、貧しかったので1836年に退学。食品会社の徒弟になった。その後、ロシアなどに商社を設立して、クリミア戦争中に莫大な利益を得た。

シュリーマンは、多くの外国語に精通していたことで有名だ。英語、フランス語、オランダ語、スペイン語、イタリア語など、18カ国語に堪能だったと言われる。英語は、わずか半年間でマスターした。

全文丸暗記法

その方法を、彼は、『古代への情熱―シュリーマン自伝―』（新潮文庫、1977年）で述べている。

彼は「どんな言語でもその習得を著しく容易にする方法を編み出した」と言い、「その方法は簡単なもの」だと言っている。それは、具体的には、つぎのようなものだ。

大きな声でたくさん音読すること、ちょっとした翻訳をすること、毎日一回は授業を受けること、興味のある対象について常に作文を書くこと、そしてそれを先生の指導で訂正すること、前の日に直した文章を暗記して、次回の授業で暗誦（あんしょう）すること、である。

ハインリッヒ・シュリーマン

よい発音を身につけるために、「日曜には定期的に二回、イギリス教会の礼拝式に行き、説教を聞きながらその一語一語を小さな声で真似てみた」とも言っている。

重要なのは、長い文章を丸暗記したことだ。オリヴァー・ゴールドスミスの『ウェイクフィールドの牧師』とウォルター・スコットの『アイヴァンホー』を全文暗記した。同じ方法を、フランス語の勉強にも適用し、フランソワ・ド・フェヌロンの『テレマコスの冒険』と、ベルナルダン・ド・サン＝ピエールの『ポールとヴィルジニー』を暗記した。そして、フランス語も六カ月でマスターした。

ロシア語については、書物も教師も見つけることができなかったので苦労したが、「文法書によってロシア文字とその発音を頭の中に叩き込んだ。それからまた以前のやりかたを踏襲して、短い作文や物語を書いてはそれを暗記した」と言っている。

そして、6週間後には、初めてのロシア語の手紙をロンドンのロシア人商人に出すほどに上達した。また、ロシア語で流暢（りゅうちょう）に語り合うこともできた。

この手紙がきっかけで、のちにロシアに移住し、貿易商を営んだのだ。

この当時は、外国語の音源を得るのは大変だったに違いない。

ただ、外国語を話せる人は非常に少なかったから、勉強すれば、需給面で非常に有利な立場に立つことができた。シュリーマンがビジネスで成功を収めたのは、その語学力に負うところが大きい。実際、彼がのちにロシアに移住して貿易商を営めたのは、最初にロシア語で書いた手紙がきっかけだった。

誰かに聞かせる

ところで、彼は、つぎのようにも言っている。

だれかにそばにいてもらって、その人に『テレマコスの冒険』を話して聞かせることができれば、進歩が早くなると思ったので、私は貧しいユダヤ人を一人、週四フランで雇い、ロシア語はひとこともわからないその男に、毎晩二時間私のところへこさせてロシア語の朗読を聞かせた。

つまり、自分１人でやるよりは、人に聞かせれば励みになると言うのだ。そのため、金を払って「教えを乞う」のでなく「教えた」のである。これは、勉強を継続するための重要なポイントだ。これについては、第6章で述べる。

なお、彼は考古学についても正規の教育を受けたわけでなく、「素人学者」だった。

フォン・ノイマンも丸暗記法

以上で見たように、シュリーマンの勉強法の基本は、「外国語の本を1冊すべて暗記する」という方法だ。ハンガリー生まれの数学者ジョン・フォン・ノイマン（1903年－1957年）も同じ方法だった。彼は、「20世紀最高の数学者」と言われる天才である。現代のコンピュータの基本原理（プログラム内蔵方式）を考え出した。

ノーマン・マクレイ『フォン・ノイマンの生涯』（朝日選書、1998年）によると、6歳で、古典ギリシャ語で父親とジョークを言えた。ドイツ語も自分で学習した。ウィルヘルム・オンケンの44巻本の歴史書『世界史』を読了した。チャールズ・ディケンズの『二都物語』の冒頭十数ページは、一言も間違えずに暗誦できた。

1930年代に、ナチス政権を避けてアメリカ合衆国に移住したのだが、英語は、『ブリタニカ百科事典』のいくつかの項目を丸暗記することで勉強したそうだ。

独学とは関係ない話だが、ブダペストのルーテル・ギムナジウムにおける彼の同窓生ウィリアム・フェルナー（経済学者、イェール大学教授）は、私の先生である。

ついでに独学と関係のない話をもう1つすると、フォン・ノイマンが書いた本の1つに *Theory of Games and Economic Behavior*（『ゲームの理論と経済行動』）がある（経済学者のオスカー・モルゲンシュテルンとの共著）。これは、経済学史上、一、二を争う画期的な業績だ。ところが、イェール大学の数理経済学の時間に先生（ハーバート・スカーフ教授）が説明してくれたところによると、フォン・ノイマンは、同書に満足していなかった。そして、いつかは書き直そうと思っていた。しかし、結局それは実現できなかった。なぜならば、彼はあまりに多くの仕事を抱えていたからだ。原爆の開発があったし、量子力学の数学的基礎を作る必要があった。そして、コンピュータの基本概念を作る必要もあった。

ジョン・フォン・ノイマン

独学での語学学習者をもう1人挙げれば、小説の登場人物だが、スタンダールの小説『赤と黒』の主人公、ジュリアン・ソレルがいる。貧しい材木屋の三男坊として生まれ、家の仕事の合間にラテン語を勉強した。

レナール夫人との出会いの最初の場面で、旧約聖書と新約聖書のラテン語版のどこでもすらすら言えたというのだから、聖書全部をそっくり暗記していたわけだ。

「丸暗記方式」というのは、ユダヤ人の伝統であるようだ。熱心なユダヤ教徒は、旧約聖書を自由自在にそらんじることができると言う。一般にユダヤ人に知能の高い人が多いのは、日本の丸暗記という教育方法が伝統的にあるからだと言われる。フォン・ノイマンの両親も、ユダヤ系ドイツ人だ。

2. 良き時代のアメリカの独学者たち

印刷物を読みあさるフランクリン

18世紀から19世紀のアメリカには、独学で成功した人が多い。アメリカ式サクセス・ストーリーだ。

まずは、ベンジャミン・フランクリン（1706年－1790年）。彼は、1776年にアメリカ独立宣言の起草委員となった。トーマス・ジェファーソンらとともに、独立宣言に最初に署名した5人の政治家のうちの1人だ。

政治家であるだけでなく、物理学者、気象学者でもあった。凧を用いた実験で、雷が電気であることを明らかにしたのは有名だ。

彼の独学ぶりは、『フランクリン自伝』（岩波文庫、1957年）などで知ることができる。学校の成績は優秀だったが、学費の負担が重いので、10歳で退学し、印刷業者の徒弟になった。

仕事場にある本や新聞などの印刷物を、仕事の合間に読みあさった。それによって、数学や科学の初歩を学ぶことができた。

昼休みになると、フランクリンは1人職場に残って、弁当をさっさと食べてしまう。あとは本を読んで過ごした。弁当なら、お金が節約できるし、勉強の時間もとれる。一石二鳥だったと、彼は述べている。

あるとき、活字を組んでいた哲学書の内容に根本的な誤りがあると感じ、それを論文にまとめ、活字に組んで、小冊子としてわずかな部数印刷した。

冊子を読んだライオンズという人物が訪ねてきて、バーナ

ベンジャミン・フランクリン

ード・デ・マンデヴィル（1670年－1733年。『蜂の寓話』という著書で有名な思想家）を紹介してくれた。

フランクリンが印刷物を読みあさったという話は、面白い。私が大蔵省（現・財務省）に入省した頃のことを思い出した。その頃、コピー機が登場した。新入職員の仕事は、コピーをとることだった。1枚余計にコピーをとって自分自身の資料にしている同僚がいた。彼は、それを読んで、役所の仕事を「独学」していたわけだ。

独学人生のリンカーン

エイブラハム・リンカーン

エイブラハム・リンカーン（1809年－1865年）は、「歴代アメリカ合衆国大統領のランキング」において、しばしば、「最も偉大な大統領」に挙げられている。

ケンタッキー州の1室しかない丸太小屋の貧しい家に生まれた。正式な教育は、巡回教師からの18カ月間の授業だけで、あとはまったくの独学。借りることのできたすべての本から学んだ。

青年時代にイリノイ州に移住し、船乗り、店員、民兵などとして働き、測量術を独学して、測量技師の仕事についた。イリノイ州の下院議員選挙に立候補し、25歳で初当選を果たした。その後、独学で法律を学んだリンカーンは、28歳で試験に合格し、弁護士の資格を取得した。

その学習方法について、「私は誰にもつかずに学んだ」と語っていたそうだ。まさに、自助努力の人の典型だ。

弁護士になってから後も、独学で腕を磨いた。毎晩、最高裁判所の図書館に行き、担当している訴訟に関係のある判例を研究した。彼の書いた弁論趣意書は、イギリスのコモン・ローにまで遡って、細部まで詳細に準備されていた。最高裁判所に出廷する機会も多くなり、「法律家の中の法律家」という評判をとった。

鉄鋼王カーネギーの恩返し

鉄鋼王アンドリュー・カーネギー（1835年－1919年）はスコットランドで生まれ、1848年に両親とともにアメリカに移住した。最初は、工場で作業員として働いていた。その後、電信会社で電報配達の仕事についた。

彼は働き者で、仕事熱心だった。当時の普通のやり方は、受信したモールス信号を紙テープに刻み、そのテープを解読するということだったのだが、カーネギーはモールス信号を直接に耳で聞き分ける特技を習得し、電信技士に昇格した。

本を買うこともできず、図書館も普及していなかった。ところが、近くに住んでいた篤志家が、働く少年たちのために毎週土曜の夜に約400冊の個人蔵書を開放してくれた。カーネギーはそこに通って読書好きになった。

アンドリュー・カーネギー

1870年代にピッツバーグでカーネギー鉄鋼会社を創業。この事業は大成功し、1890年代には、同社が世界最大で最高収益の会社となった。

カーネギーは、引退後の人生を慈善活動に捧げ、教育、科学研究などに多額の寄付をした。中でも、公共図書館の設置に力を入れた。全部で2509もの図書館を建設したが、それは、少年時代に利用できた個人図書館への恩返しだったのかもしれない。

3．数学者や自然科学者にも独学者

独学の数学者たち

学者では、数学に独学者が多い。実験器具などが必要なく、座学でできるからだろう。最も有名な「素人数学者」は、ピエール・ド・フェルマー（１６０７年－１６６５年）だ。フランスのトゥールーズで弁護士の資格を取得し、そこで法律家として一生を過ごした。

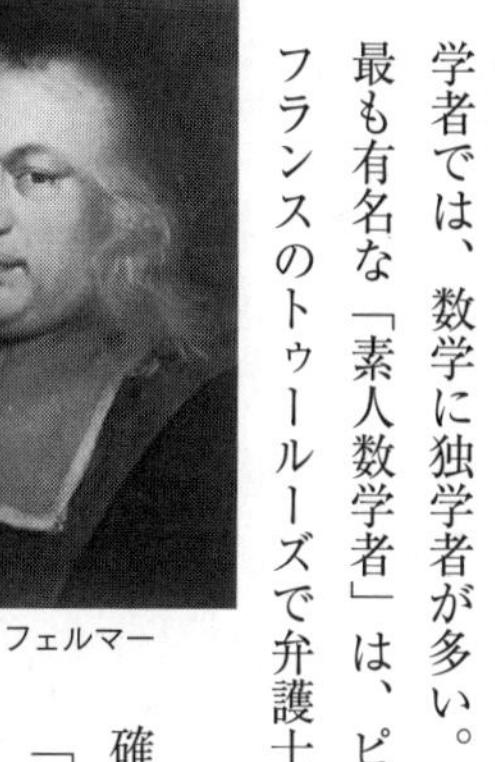
ピエール・ド・フェルマー

仕事のかたわら数学を独学で学び、１人で研究を続けて、確率論の基礎を作り、解析幾何学を創設した。

「フェルマーの最終定理」と呼ばれるようになった有名な命題は、彼が書き残してから３６０年もの長期間にわたって、誰一人として証明も否定も成功せず、数学の最難問の１つであり続けた。

フェルマーが数学に目覚めたきっかけは、古代ギリシャの数学書、ディオファントスの『算術』に出会ったことだとされる。それから、趣味として数学の研究を始めた。フェルマーの最終定理も、この書物の欄外に、さまざまな書き込みとともに残されたものだった。

ゴットフリート・ライプニッツ

エヴァリスト・ガロア

ゴットフリート・ライプニッツ（1646年－1716年）は、1684年に微積分法の論文を発表し、アイザック・ニュートンとその先取権をめぐって争うこととなったドイツの高名な数学者だが、独学だ。

彼は正規の学校教育を受けているが、学院の教師が凡庸だったため、ライプニッツが教師から学ぶことはほとんどなく、彼は独学によってさまざまな学問を学んだという。

12歳のときには、独学でラテン語を習得した。1661年にライプツィヒ大学に入学して、数学と哲学を学ぶ。1666年にアルトドルフ大学に移り、翌年に法学博士号を取得した。彼の本職は政治顧問なのだ。

21歳で逝ったエヴァリスト・ガロア（1811年－1832年）は、群論の基礎を生み出し、現在の代数学を作ったフランスの天才数学者だ。彼は、名門エコール・ポリテクニーク（理工科学校）を受験したが、面接で不遜な態度をとったために落とされてしまう。結局、5年間しか数学を学ばなかった。

レオポルト・インフェルト『ガロアの生涯―神々の愛でし人』（日本評論社、1969年）は、彼の短い生涯を描いた名著だ。

シュリニヴァーサ・ラマヌジャン（1887年－1920年）は、インド人の数学者だ。大学に入学したが、授業に出席しなかったため試験に落第し、退学させられた。商社の会計係として勤務しながら数学を独学で学び、その成果を、ケンブリッジ大学のゴッドフレイ・ハロルド・ハーディに手紙で書いた。ハーディは、最初はまともに受け取らなかったが、やがて、その中にきわめて水準の高いものがあるのを見出し、驚愕した。

シュリニヴァーサ・ラマヌジャン

ハーディによってケンブリッジ大学に招聘（しょうへい）されたラマヌジャンは、ケンブリッジ大学の数学者たちを驚かせる独自の成果を挙げた。

独学の自然科学者

自然科学にも、独学者がいる。

古くは、近代物理学の基礎を作ったガリレオ・ガリレイ（1564年－1642年）だ。彼は、ピサ大学の医学部中退で、独学で物理学をマスターした。

マイケル・ファラデー（1791年－1867年）は、イギリスの化学者・物理学者。貧しい家庭に生まれたため、小学校中退という教育しか受けておらず、高度な数学などは理解できなかった。

14歳から、近所の製本・書店業者に徒弟奉公した。その間に、製本に回される科学の本を多数読んだ。科学への興味を強め、特に電気に興味を持つようになった。本に書かれている実験を試したりして、独学で物理学と化学を学んだ。1812年に王立研究所でのハンフリー・デービーの講演を聞い

ガリレオ・ガリレイ

マイケル・ファラデー

たことをきっかけにして、翌年その助手となった。

電磁気学と電気化学の分野で多くの業績を残した。電流の磁気作用から電磁気回転を作る実験に成功した。さらに、電磁誘導を発見した。また、電気分解に関する法則を見出した。

電場、磁場、力線の概念を導入して、ジェームズ・クラーク・マクスウェル（１８３１年－１８７９年）の電磁理論への道を開いた。

オリヴァー・ヘヴィサイド（１８５０年－１９２５年）は、イギリスの物理学者・数学者。正規の大学教育を受けず、研究機関にも所属せず、独学で研究を行った。16歳の頃に学校をやめ、その後、18歳まで独学で電信技術と電磁気学を学んだ。その後、電信会社で通信士の職を得、主任通信士となった。しかし、聴覚障害のために退職し、以後は一切の職につかず、自宅で研究に打ち込み、孤高の科学者として一生を終えた。

オリヴァー・ヘヴィサイド

ジャン=アンリ・カジミール・ファーブル

フランスの博物学者ジャン＝アンリ・カジミール・ファ

ーブル（1823年-1915年）は、両親が職を転々としていたため幼い頃から貧乏な生活を余儀なくされていた。そして、幼少期から、独学でさまざまな分野の勉強を続けていた。

日本にも、独学の科学者がいる。万能学者として知られる南方熊楠（1867年-1941年）は、大学を卒業していない。また、植物学者の牧野富太郎（1862年-1957年）は、小学校中退だ。

独学の発明家

発明家には独学者が多い。

最も有名なのは、アメリカの発明家・起業家トーマス・エジソン（1847年-1931年）だろう。生涯に2332件もの特許を取得した。蓄音機、電気鉄道、鉱石分離装置、白熱電球、活動写真等々。

小学校に入学したが、教師と騒動を起こして、3カ月で中退してしまった。このため正規の教育を受けられず、図書館などで独学した。新聞の売り子として働いて得たわずかな金を貯め、自分の実験室を作った。16歳の頃には電信技士として働くようになり、さまざまな科学雑誌を読んで学び続けた。その原動力となったのは、「知りたい」という欲求だった。

22歳のときに株式相場表示機を発明して特許を取得し、巨額の金を儲けた。1877年に蓄音機の実用化に成功し、ニュージャージー州にメンロパーク研究室を設立した。1889年にエジソン・ゼネラル・エレクトリック会社を設立した。この会社は、その後ゼネラル・エレクトリック社となり、「電気の時代」を切り開いた。現在でもアメリカの主要企業の1つである。

トーマス・エジソン

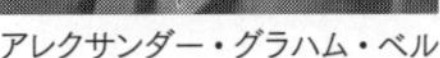
アレクサンダー・グラハム・ベル

電話の発明者アレクサンダー・グラハム・ベル（1847年－1922年）はスコットランドの生まれ。父は大学教授であり、彼の一族は長年、弁論術の教育にかかわってきた。幼少期には、自宅で父から教育を受けた。エディンバラのロイヤルハイスクールに入学したのだが、15歳で退学した。エディンバラ大学に入学、その後、カナダに移住。

彼は兄とともに、人間の声を真似てしゃべる機械オートマタを作ろうとした。そして、音叉（おんさ）を使って、共鳴など音響伝達について研究するようになった。後に大学で助手や講師の職を得たが、空いた時間で最小限の実験器具を使って、自分だけで電話についての実験を続けた。生涯を通じて、科学振興と聾者教育に尽力した。

動力飛行機の発明者ライト兄弟（ウィルバー・ライト：1867年-1912年、オーヴィル・ライト：1871年-1948年）も、高等教育は受けておらず、独学で航空力学と飛行技術を学んだ。自転車店を営むかたわら、得意の工作技術を駆使して、グライダーや飛行機を自作していった。1901年には、風洞実験装置を開発している。これを用いて実験を行い、さまざまな形の翼に働く力を計測した。そして、航空力学の新たな計算式を導き出し、翼の形状を最適化することに成功した。

ウィルバー・ライト

オーヴィル・ライト

1909年に兄弟はライト社を創業した。その後、同社はグレン・L・マーティン社と合併し、現在のロッキード・マーティンとなった。

ヘンリー・フォード（1863年-1947年）は、「自動車の父」と呼ばれる。自動車は、それまではごく一部の人しか買えなかったが、アメリカの中流家庭が購入できるT型フォードを開発・生産し、自動車交通に革命をもたらした。

彼も大学教育は受けておらず、独学で機械工学を学んだ。ミシガン州の農家に生まれ、１８７９年に高校を中退し、デトロイトで機械工となった。１８９１年にエジソン電気会社の技術者となり、１８９３年には主任技師となった。そこで自分の時間を使うことができるようになったので、

ヘンリー・フォード

内燃機関の実験を進め、１８９６年に第1号車の製作に成功した。
１９０３年にフォード・モーター・カンパニーを設立した。その後、ライン生産方式による自動車の大量生産を始め、１９１３年にはベルトコンベアによるライン生産方式を導入し、生産能力を大幅に強化して低価格化を実現した。

4. 独学の芸術家

ゲーテや鷗外も文学者としては独学

芸術分野での独学度は、分野によって大きな差がある。音楽や美術では、師についたり学校で学ぶ場合が多い。

ヨハン・ヴォルフガング・フォン・ゲーテ

それに対して、文学では、自分で方法を習得することのほうが普通だ。そして、ワイマール公国の枢密顧問官だったヨハン・ヴォルフガング・フォン・ゲーテ（1749年－1832年）や、日本の陸軍軍医だった森鷗外（1862年－1922年）のように、本業は別にあった場合が多い（ついでに言えば、ゲーテは、若いときから自然科学に興味を持ち、人体解剖学、植物学、地質学、光学などの著作・研究を残している。とりわけ、

1810年に発表された『色彩論』が有名だ。ゲーテは、これらの分野も独学したわけだ）。

ただし、音楽や美術にも独学者がいる。

ピアニストでは、クラウディオ・アラウ（1903年－1991年）が独学だ。南米チリ出身で、20世紀を代表するピアノの巨匠と言われる。

森鷗外（大正5年彫刻家武石弘三郎氏のアトリエにて撮影）

アラウは、母のピアノを聞くうちに楽譜の読み方を習得し、言葉を覚えるよりも先に音楽を覚えたとされる。そして、ピアノを独学で学び、5歳で最初のリサイタルを開いた。ベルリンのシュテルン音楽院で、マルティン・クラウゼに師事したが、ピアニストになってからも、他人に影響されず、自立することを重んじたそうだ。

ルソーとダーガー

絵画ではアンリ・ルソー（1844年－1910年）が独学だ。高校中退後、法律事務所に勤め、軍役を経て、パリ市の税関職員になった。仕事の合間に絵を描いていた。

正統的芸術家の範囲には入らないアウトサイダーだが、ヘンリー・ダーガー（1892年

－1973年）は、究極の独学者と言えるだろう。彼は、世にも奇妙な天涯孤独の「画家」（作家？）だ。

歴史上書かれた最も長い小説は、彼の『非現実の王国で』だと言われる。正式なタイトルは、『非現実の王国として知られる地における、ヴィヴィアン・ガールズの物語、子供奴隷の反乱に起因するグランデコ・アンジェリニアン戦争の嵐の物語』。ここに描かれているのは、目眩めく非現実の世界だ。

彼は正式な教育を受けておらず、すべてを独学で学んだ。執筆は約60年間にわたり、亡くなる半年前に老人ホームに収容されるまで、誰に知られることもなく、シカゴのアパートの一室で書き続けた。300枚の挿絵と1万5145ページのテキストが残されている。挿絵は、ニューヨーク近代美術館で、ピカソの横に飾られているそうだ。

あまりに長いので、外国語版を含めてテキスト全文が刊行されたことはなく、最後まで完読した人は誰もいないと言われている。

5．独学への先祖返りが起きる

ノスタルジーではない

以上で述べた人たちの多くは、20世紀初め頃までの人だ。「彼らが成功できた時代とは背景が違うから、現代には通用しない」という意見があるかもしれない。では、彼らの成功物語は、「古き良き時代の牧歌的挿話」であり、単なるノスタルジーにすぎないのだろうか？

20世紀になって大組織の時代になると、社会の条件が大きく変わったことは間違いない。学歴社会が形成され、高学歴でないと組織に入って仕事をすることが難しくなった。組織化、官僚化が進めば、独学だけで専門家集団のトップに立つのは、難しくなる。

また、技術開発に多額の資金が必要となり、知の制度化が進むと、個人発明家の役割は限定的になる。

このような側面があることは、否定できない。

しかし、だからと言って、彼らの経験が現代社会で無意味だというわけではない。つぎの点に注意が必要だ。

独学の人は権威にめげなかった

第1に、この時代においても、高学歴の人々が勢力を持っていたことは事実だ。ライト兄弟が飛行に成功したとき、「空気より重いものは飛べない」と多くの学者が「論証」した。「素人が何をくだらないことをやっているのか」というわけだ。

しかしライト兄弟は、それに屈せず、開発を進めた。その信念が重要だ。

ファラデーは、イギリスの階級社会の中でしばしば差別的な扱いを受け、科学の道をあきらめようと考えたことがあったと言う。

ヘヴィサイドも独学者であるために、苦労をしている。とくに、研究費について、慢性的な資金難に悩んでいた。付近の住民からは狂人扱いされていた。彼の業績のほとんどは、彼の死後に認められたものである。

シュリーマンも、専門の考古学者たちからは認められなかった。それどころか、激しく嫉妬され、叩かれ続けた。

独学の人々は、こうした環境にめげなかったというのが重要な点だ。彼らは権威ではなく、自分の力を信じた。

独学者だからこそ、自由な立場で新しい発想ができた

右に述べたことを逆に見れば、「独学者だからこそ新しい発想ができた」とも言える。常識にとらわれない無手勝流で、「常識的な考えにとらわれている人なら、やらないことを試みる」ということだ。

ライプニッツは、次のように言っている。「独学のおかげで、空虚でどのみち忘れてしまうような、また根拠ではなく教師の栄誉を意味するような事柄から免れ、どの学問でも熱心に諸原理に到るまで探求することができた」。

シュリーマンが伝説を信じてトロイアの発掘を行ったのも、彼が素人学者だったからだろう。専門の考古学者であれば、「トロイアはおとぎ話」と考えているから、発掘になど出かけないに違いない。

ベルが音叉を使っての音響伝達の実験を行っていたとき、ヘルマン・フォン・ヘルムホルツがすでに音叉を使って母音を生成する研究を行っていることを知った。彼は、その論文を

熟読したが、ドイツ語の理解不足から誤解をし、その誤解がその後の音声信号伝送法の土台となった。ベルは後日、「もし私がドイツ語を読めたなら、私は実験を始めなかったかもしれない」と述べている。独学だからこそ、無手勝流の研究を進め、それが成功したというわけだ。

因習的な考えから脱却して、新しい発想で考える。閉塞的な日本の現状を打破するには、こうしたことこそが最も重要だ。

新しい時代が始まっている

もう1つ重要なのは、新しい動きが始まっていることだ。

時代の変化が激しければ、独学を続けないかぎり、最先端に追いつけない。これはすでに述べたことだ。

また、大きな変化が起これば、これまで誰も手をつけていない世界が広がる。そこで新しい事業を起こすには、独学で身につけたノウハウで手探りで進むしかない。

それを象徴するのが、現代中国の巨大IT企業、アリババ集団の創始者ジャック・マーだ。

彼は、大学受験に2度失敗し、三輪自動車の運転手をしていた。その後、英語の教師となり、

１９９５年にたまたまアメリカへ行ったときにインターネットの将来性に感激し、１９９９年に会社を設立したのだ。そして、まったく独力で、世界最先端のＩＴ企業を作り上げた。

ＩＴは、知の制度化を大きく破壊している。大学で学んだ知識は陳腐化してしまっている。他方で、ウェブを見れば、最先端のことまで分かる。

制度化された現代の最強のギルドである医学でさえ、最先端の分野では、変化から免れない。例えば、ＡＩによって自動診断が可能になると、診療の分野にデータサイエンスの知識が必要になり、伝統的な医学だけでは不十分ということになるだろう。

そして、ＡＩの時代になれば、知の世界はさらに根本的な変化にさらされる。それによって、独学への先祖返りが起きるだろう。

第3章　私も独学で勉強した

1. 私は学生時代から独学を続けてきた

最初は顕微鏡と望遠鏡を作る

この章では、私の経験を述べることとしたい。

私は独学を続けてきた。

その始まりは、中学生のときだ。『子供の科学』という雑誌を毎月読んでいたのだが、そこに掲載された記事を見て興味をひかれ、顕微鏡を自作したのである。

レンズだけは自作が不可能なので、買った（『子供の科学』の出版元である誠文堂新光社の売店が神田小川町にあった）。

顕微鏡は小さいので構造上の問題が少なく、中学生でも簡単に自作できるのである。花瓶の水を見たら微生物がたくさん泳いでいて、驚嘆した。

この経験で光学機械の自作ができることに自信を持ったので、つぎに望遠鏡を作った。望遠鏡は高価すぎて買ってもらえなかったから、自作の対象としては最適だ。

小さな屈折望遠鏡から始め、最後は、口径10センチのニュートン式反射望遠鏡に挑戦した。レンズと鏡だけは自分ではどうにもならないので買ったが、あとは、『反射望遠鏡の作り方』という本を読んですべて自作した（この本も、誠文堂新光社刊）。さすがに、口径10センチの反射望遠鏡は構造的に簡単ではなく、鏡筒や三脚の作成で苦労した。いまでも、リトグラフなどを購入して大きな筒に入ってくると、「これは望遠鏡に使える！」と興奮してしまう。

月面はもちろん、たまたま大接近していた火星も観測することができた。極冠（北極と南極にある白い部分）が見えた。もちろん、木星のガリレオ衛星も見えた。

この経験を通じて、私は、独学という方法がありうることを習得した。

その後、私は、さまざまなことを独学で学んだ。

だから、私は「独学の専門家」であり、独学の先達になるだけの経験を持っていると自負している。

公務員試験のために経済学を独習した

私は大学の学部も大学院も工学部で学んだので、社会に出てから行ってきた仕事に直接役立っている知識は、独学で身につけた(ただし、アメリカの大学院で経済学を勉強したので、文字どおり「すべて」というわけではないが)。

私は、東京大学工学部の応用物理学科に在籍していた。工学部では夏休みに企業実習というプログラムがある。1962年、4年生のときの実習で、ある大手電機メーカーの中央研究所に1カ月ほどいたのだが、その雰囲気を見て、企業の研究所での仕事は自分に向かないと実感した。

そして、「もっと視野の広い仕事がしたい」と強く望むようになった。応用物理学科の知識を活用する仕事でなく、経済学を活用する仕事につきたいと思ったのだ。

経済学に関連する仕事につくためには、「経済学的な知識を持っている」ということを証明する証拠が必要だ。

それを獲得するには公務員試験を受けるのが一番よいと思い、1963年の初夏に経済職の公務員試験を受けることにした。公務員になりたいから受けたのではなく、勉強の証明書が欲しかったのだ。第4章の1で定義する言葉を使えば、「シグナル」が欲しかったのである。

法学部や経済学部に学士入学することも考えたのだが、それだけの回り道をする余裕が経済的になかった。そこで、工学部の大学院で、実験や論文作成をするかたわらで、経済学を独学で勉強した。

逆向き勉強法

この勉強は、試験で高い点を取ることだけを目標にしたものだった。経済学の真理を探究しようと思ったわけではない。

そのための勉強で最初に買ったのは、過去の問題集である。そこに出ている問題に答えられるように勉強を開始した。つぎに、経済学百科事典を買ってきて、問題を解くために必要な箇所を拾い読みしていった。

経済学の教科書を購入したのは、その後である。つまり、教室で順序立てて勉強するのとは、ちょうど逆方向に勉強したのだ。

このような方法を批判する人は多いだろう。「あまりに功利的で合目的的」「本当の学問はそんなものじゃない」と批判されるだろう。

そうした面があることは、否定できない。学者になることが目的であれば、こうした方法は望ましくないだろう（私が経済学を専門的に勉強しようと考えたのは、アメリカの大学院で尊敬すべき教授の講義を聞いて、感激してから後のことである）。

しかし、公務員試験が目的であれば、功利主義的であっても、一向に構わないだろう。教科書を最初から読むのに比べると、この方法のほうがずっと効率的であり、しかも（これが重要な点だが）興味を失わずに勉強を続けられる方法なのである。

いまなら、ウェブにもかなり依存しただろう。そのほうが効率的だ。ただし、ウェブの記事は玉石混交である。そして、学び始めた者には、質を評価しにくい。だから、いまやるとしても、ウェブに完全に依存するのではなく、百科事典に依存するほうがよいと思う。

結果的には、その年の経済学の公務員試験で、私より成績がよかったのは、1人しかいなかった。

もちろん、これによって経済学をマスターしたとは思っていない。私は、「シグナル」を得ようとして経済学を利用しただけであり、私が集中したのは、受験技術だけだ。

ただし、この過程を通じて、私は、経済学に興味を持った。そして経済学の勉強を続けた。

2. 大学を出てからの独学

プレゼンテーション用の英語を独学した

私は、英語も独学で習得した。ただし、これは、アメリカ留学を終えて、帰国してから後のことである。

留学中は、講義を受け身で聞くだけだったので、英語については、格別、勉強の必要を感じなかった（講義のような「正確な英語」を聞くのは、それほど難しいことではない。難しいのは正確でない口語の英語だ）。

しかし、留学から帰って大学で職を得てからは、人前で英語を話す機会が増えた。共同研究での発表やディスカッションもあるし、国際会議もあるからだ。しばらくしてからは講演会もあった（1980年代には、いまと違って、外国人が日本経済について強い関心を持っていたのである）。

つまり、私が学習しなければならなかったのは、プレゼンテーション用の英語であった。学生のときは受動的に聞いているだけでよかったが、会議や講演のときには、かなりの長時間話す必要がある。

私は、英語の文献を読んだり、講義を聞いたり、論文を書いたりすることは支障なくできたが、人前で英語で自分の考えを述べることは、難しいと感じていた。

こうした場面で必要とされる英語能力は、会話で必要とされるものとは違う。1人で話す場合は、いくつもの文を論理的につなげて全体を構成しなければならないのだ。会話の場合に簡単な文を断片的に話すのとはまったく異質の、難しい作業である。

このための訓練は、「聞く」ことで行った。FEN（極東米軍放送網、現・AFN）を聴いて、時事英語と話し方を学んだ。第8章の6で紹介する「電車内勉強法」を考え出したのは、このときである。

会議で用いる表現は、会議の中でOJT（On-the-Job Training：現任訓練）で学んだ。最初のうちは、セッションのチェアマン（司会。議事進行役）をできる日本人がいるので感心していたのだが、そのうち、自分でもできるようになった。

教師と学生の差は縮まっている

私は社会に出て最初は官庁で仕事をしていたが、アメリカ留学から帰って2年後に、大学に転じた。その後の私の仕事は、教えること、そして論文や本を書くことになった。

こうした仕事をしている人間が、独学をしないということはありえない。学生として勉強した知識が仕事の基礎になっていることは事実だが、仕事の上で直接に役立つ知識のほとんどは、その後に独学で学んだものだ。

だから、大学では、教師も学生も、ともに勉強をしているという意味で、本質的な差はないのである。教師のほうがわずかばかり先にいるだけのことだ。

では、教師と学生の差はどのくらいか？

昔であれば、実年齢だったろう。つまり20年程度は離れていただろう。教師は20年前に学校で勉強したり研究をしたりし、それによって知的な蓄積を作り、それを学生に教えていた。

しかし、現代の世界では、それでは到底追いつかない。とくに変化の激しい分野では、そうだ。数年前の知識ですら、古くて役に立たない。

だから、教師と学生の差も縮まっている（あるいは、縮まらなくてはならない）。

ファイナンス理論を独学で習得

私は、その後、ファイナンス理論を教えることになった。これは私には未知の分野であった。したがって、「できるかどうか」を判断する必要があった。

そこで、アメリカで標準的に使われている教科書を入手して、その内容を一瞥(いちべつ)してみた。すると、これまで私が知っている経済学の理論でカバーできるものがほとんどであることが分かった。つまり、ファイナンス理論については、独学でカバーできるということが分かった。最先端のことについては、専門の論文を読めばよい。

こうして、私はファイナンス理論を、「教えるために勉強した」のである。

そのときには、「これから勉強すれば教えらえる」と思っただけで、「いますぐ講義せよ」と言われても、できたわけではない。

もともとファイナンス理論は新しい学問分野なので、私の世代では、これを学生時代に習ったという人はいない。

したがって、多くの人が、独学でカバーしたであろうと思われる。このように、新しい分野であれば、教えるほうも独学で勉強するしかないのだ。

仮想通貨について勉強

２０１３年頃、ビットコインに興味を持った。

印刷物の資料もない。資料はウェブサイトにあるもののみ。しかも、日本語の資料はほとんどなかった。あっても、ほとんど役に立たなかった。

このときは、英語のウェブから知識を得た。

２０１３年当時、ウェブには、すでに膨大な量の情報があった。しかも、かなり専門的で高度な内容のものもあった。日本語との差に驚かされた。

この当時、「ビットコインはインチキ」という意見が日本では圧倒的に多かったのだが、英語の文献の量と質を見て、「これは本物だ」ということが分かった。また、「ブロックチェーン」という仕組みがきわめて重要であることも分かった。

ウェブサイト構築法も独学

最近では、ホームページを自分で作ったし、動画の作成法も自分で習得した。

ホームページの作成、更新について、しばらく前までは専門家に任せていたのだが、自分でやらないとだめだと気がついた。ごく細かい修正など、いちいち依頼しても、すぐにはできない。思うようにするには、自分でやるしかない。

一般に、分からないことはウェブで調べれば、大抵のことは解答が得られる。ウェブサイト構築のようなＩＴ関連の事柄については、とくにそのことが言える。

大学で勉強することの意味

私は、「大学で勉強することが無意味」と言っているわけではない。むしろ、大学で勉強することには、重要な意味があると考えている。

それは、「大学での勉強とはこの程度のことだ」と知りうることだ。

大学に行かなかった（経済的理由などで行けなかった）人が陥る最大の問題は、「大学では何か素晴らしい教育を行っており、それによって専門家が育成されている。だから、大学教育を受けなかった私は、専門家としては活動できない」と思い込んでしまうことだ。

人間は誰も、知らないことや分からないことに対しては、畏敬の念を感じるものだ。大学の外にいる人間にとって、大学というのは、まさに近寄りがたい知の殿堂なのである。

だから、そこで教育を受けないかぎり、知識労働者のグループには入れないと考えてしまうのも無理はない。

しかし、そうではないのである。大学の教育は、少なくとも学部レベルにかぎって言えば、やる気になれば、独学で習得できる。

私が工学部を卒業してから経済学を勉強したのは、「独学でも習得可能」という見通しがあったからだ。そして、その自信は、工学部で勉強したという経験によって生じていたものである。

第2章で述べた独学の先達たちを思い出していただきたい。彼らは、もっとすごい。学校で高等教育を受けなかったにもかかわらず、「やれば最先端まで行けるはずだ」と考えたのだ。そして、その考えは正しかった。

第4章　独学は新しい働き方を可能にする

1. 学歴獲得から能力獲得へ

これまでの日本の勉強は学歴獲得が目的だった

これまでの日本社会では、勉強の目的は、大学に入ることだった。そこがゴールだった。「一流大学に入学できれば、一生安泰に過ごせるパスポートを得たことになる」と考えられていたからだ。勉強は、そのパスポートを得るための手段だった。

なぜこうなったのだろうか？

それは、大企業が学歴を基準として入社選抜を行ってきたからだ。

人気のある会社であれば、応募者を絞る必要がある。では、どうしたらよいか？ 日本の企業は、その目的のために「学歴」を見たのである。とりわけ、「どの大学を卒業したか」によって、応募者の能力を判断し、ふるいにかけた。

なぜそうしたかと言えば、学歴は、人間の能力を手際よく伝える指標だと考えられたからだ。統計学の言葉で表現すれば、「学歴と能力の相関は高い」とされたのである。だから、人を短時間のうちに評価するためには、非常に効率的な指標になる。

このように、「本来測定したいが簡単には観察できない指標（この場合には能力）を示す代理指標として用いられる、簡単に観察できる指標」のことを、「シグナル」と呼ぶ。学歴は、能力のシグナルとして用いられたのである。

「大学名」が重要なシグナルだった

入社時の選抜で主たるシグナルとなるのは、「どの大学か」ということである。そこでの成績も考慮されるし、また、「どの学部か」も問題となる。しかし、多くの場合に重要なのは、大学名そのものだ。したがって、「卒業する大学名を獲得する手段が勉強」ということになる。

右に述べたことを逆の側面から見れば、「これまでの日本社会において、大学に入学してから後の勉強は、あまり重要でなかった」ということになる。

だから、学生は、いったん入学すればあまり勉強しなかった。いわゆる文系の場合には、とくにそうだ。「入学したら、勉強するよりはサークル活動に精を出して人脈を作り、３年生になったら就活」というのが、ごく一般的なパターンだった。司法試験受験者などごく一部の例外を除けば、法学部、経済学部、商学部、文学部などで大学に入ってからも勉強を続ける学生は、変わり者と見なされた。

入社してから後の勉強は、さらに重要度が落ちた。なぜなら、シグナルが必要とされるのは、ほぼ入社時にかぎられるからである（理工系では、仕事の必要上から、新しい知識が必要になり、勉強せざるをえない場合が多い。だから、これは主として文系についてのことである）。

仮に労働市場が流動的で、企業間の移動が普通であれば、入社時以降にも転職・再就職の際にシグナルが必要とされる。したがって、入社時以降の勉強が必要になるだろう。しかし、日本ではそうしたことは、稀にしか生じなかった。

企業の中では、その人の能力や成果は、日々の仕事の中で詳細に観察され、評価される。したがって、シグナルは必要でない。

入社後に必要とされるのは、一般的・普遍的な知識ではなく、その企業に特殊な知識だ。その企業における仕事を進めるための知識がまず必要だが、それだけではない。社内の権力関係や人間関係などについて、無知であるわけにはいかない。場合によっては、それらの知識を使って、「社内派閥のどの側につくか？」を判断することこそが重要だった。

だから、社会人になってから後では、一般的な勉強はあまり問題とされなかったのである。とくに管理者層になると、スペシャリストでなく、ジェネラリストとしての能力を要求されることが多いので、そうなった。

こうしたことが可能だったのは、日本経済が順調に成長していたからである。そして、経済社会の基本条件が大きく変化することがなかったからだ。

しかし、これからの社会で必要になるのは、入学試験に合格するための勉強ではなく、実力を獲得するための勉強である。もちろん、就職活動の場において一流大学卒という肩書きの意味がなくなるわけではない。しかし、「学歴だけでは十分でない」時代になったのだ。

日本は実力獲得の勉強で負けた

アメリカの大学院では、アメリカ人の学生も、世界の各国から来た学生も、死にもの狂いで猛烈な勉強をしている（それはいま始まったことではなく、昔からそうだった）。そのことが、日本ではよく知られていない。

そして、彼らが行っている勉強は、学歴を得るための勉強ではなく、実力をつけるための勉強だ。

ところが日本では、企業が大学院での勉強成果を給与に反映させてくれない。この点が変わらないと、大学院での勉強を普及させるのは難しい。日本の企業は、これまで普遍的知識や技能を評価するのでなく、企業に特有の条件を強調してきた。

そして、実務のための専門的知識は、学校の勉強ではなく、ＯＪＴによって取得するものと考えられていた。だから、実務経験しか評価しない。

こうした事情があるので、日本では、大学院での実務教育が機能しない。これは大きな問題だ。

この実力獲得競争で負けた結果、日本はＩＴなどの新しい産業分野で負けた。世界的な大競争時代がすでに始まっていたにもかかわらず、日本人だけが居眠りしていたのだ。いまこそ日本人は、目覚めて、実力をつける努力を始めなければならない。

１９８０年代に慢心した日本は、１９９０年代に世界の経済構造が大きく変わったことに、対応できなかった。とくに製造業の分野では、新興国の工業化によって世界的大競争が激化したことに対応できなかった。

それにもかかわらず、それを理解できない人が経済界には多かった。そして、「日本経済が停滞するのは、政府に成長戦略がないからだ。金融緩和が十分でないからだ。法人税率が高いからだ」と言い続けてきた（いまでもそう言っている人は多い）。つまり、責任を他に押しつけようとしてきた。経済停滞が20年間も続いたにもかかわらず、そうした傾向が支配的だったのだ。

経済の衰退がここまで進んだ日本は、変わらなければ生き残れないところまで追いつめられた。危機をチャンスに転化できるか否かが、いま問われている。

2．時代が急速に変わるので、不断の勉強が必要

急速な技術進歩でディスラプターが登場する

なぜ勉強を続ける必要があるのか？　それは、世の中が変わるからだ。

しばしば「再教育が必要」と言われる。勉強を続けていなければ、世の中から遅れていくのだ。

『鏡の国のアリス』で、赤の女王は、「あるところに留まるには、走り続けなければならない」と言う。これを聞いたアリスは、「変なことを言う」と思うのだが、いまの世の中は、実際にそのようなものになった。

なぜ世の中が変わるのか?

それは、技術進歩が加速化するからだ。とくに、ITによって、経済社会は大きく変わり、これからも変わり続ける。これまであまり技術進歩の影響を受けなかった金融部門も、フィンテック(ITを応用した金融サービス)によって大きく変わろうとしている。いま、産業革命と似た変化が起ころうとしているのである。

このため、学校時代に習ったことは、あっという間に陳腐化する。新しい技術の中にはディスラプター(破壊者)も多い。これまでやっていた仕事が、技術進歩によって消滅してしまうのである。

こうして、自分自身を教育し直すことが必要になる。社会の変化が急速になると、勉強し続けていないかぎり社会の変化についていくことができなくなる。

そのためには、独学しか方法がない。他方で、情報技術の発展によってさまざまな手段が使えるようになったので、独学のための環境は大きく改善された。技術の進歩は、独学の必要性を高めると同時に、他方において、独学を容易にしているのだ。いま、「学ぶ」ということに関して、条件が大きく転換している。

変化はチャンスを意味する

他方において、適切に対処すれば、現在の状況は大きなチャンスに転換しうる。

変化が激しいとは、新しいフロンティアが広がるということだ。そこにはまだ誰も手をつけていないので、思うがままの発展をすることができる。

社会が大きく変われば、新しいチャンスが生じる。それを捉えることができれば、新しい成長ができる。

日本では、第二次世界大戦終戦後に、こうした時代が到来した。ソニーやホンダなどの新しい企業が登場し、目覚ましい成長を実現した。

世界では、いま情報関連の技術によって、新しいフロンティアが開けつつある。それを捉えることが必要だ。

高度サービス産業で重要なのは、個人の独創性を引き出せるような労働環境だ。

それは、創造性から生み出される革新が、きわめて大きな利益と成長をもたらすからである。

アップルは、iPhoneという1つの非常に革新的な製品によって、これだけの成長を遂げた。グーグルの場合も、その成長の基盤にあるのは、優れた検索エンジンだ。フェイスブックでは、新しい形態の社会的な交流の仕組みの創設だ。

ごく少数の人間の革新的なアイデアが、現代のリーディング産業を作っているのである。このため、アメリカをリードするハイテク企業は、さまざまな工夫をして、個人の創造性を引き出そうとしている。

現代の世界をリードしている企業は、いずれもアイデアとイノベーションによって成長している。それは、GAFA（Google、Apple、Facebook、Amazon）と言われるアメリカの先端企業で顕著だが、それだけではない。例えば、中国のアリババもそうだ。

以上をまとめると、図表4-1のようになる。

組織人でなく、市場価値がある人間に

多くの日本人は、これまで組織に対する依存心が強かった。できるかぎり大きな企業に入社し、そこで昇進するという生き方だ。それは、必ずしも間違った方向というわけではなか

図表4－1　技術進歩が勉強の必要性を強めている

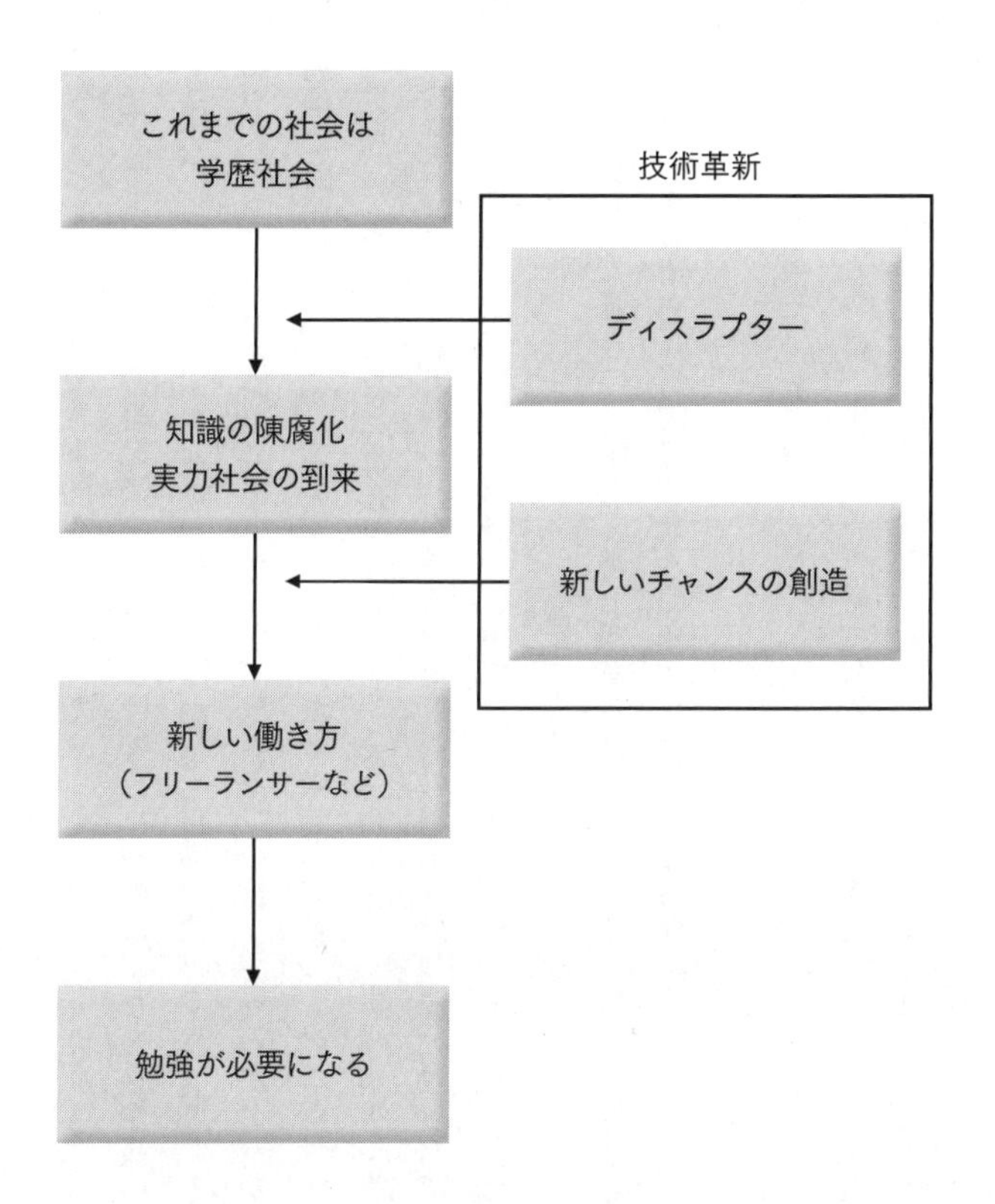

った。むしろ、ある意味で合理的なものだった。

しかし、いまや、1つの組織にすべてをかけてしまうのは、リスクが高い。組織自体がいつまで続くか分からない。だから、組織に依存すればよいのでなく、一人一人が「個人としての市場価値（マーケットバリュー）を持っているかどうか？」を問われる。「どの組織に所属しているか」でなく、「どれだけの能力を持っているか」が重要なのだ。

逆に言えば、組織にこだわる必要は薄れている。つまり、「組織人から個人の時代へ」という変化が生じようとしている。組織の中で上司の指示どおりに仕事をしていればよい時代は終わった。ましてや、上司の機嫌をとってゴマをすれば出世できる時代は、大昔のものになった。

変化への対応は、個人の立場から必要であるばかりでなく、日本全体としても必要なことだ。日本の産業構造や経済構造を大きく変えなければならない。

経営者にとっても自己投資が重要

自己投資が必要なのは、若い人々だけではない。経営者にとっても、大変重要なことだ。

日本の経営者は、大学で法律や経済を勉強した人が多い。それらの知識は、実際の企業経営や経済運営とはほとんど関係がない。経営は企業に入ってから、経験を通じて習得した。

日本の大学の法文系学部には、これまでは、職業に必要な高度な知識や基礎を教えるという発想がなかった。「大学とは真理追究の場であり、実際のビジネスに関係があることを教える場ではない」という観念が強かったのだ。

しかし、そのために、専門的な経営者が生まれなかったことは、事実である。その結果、「企業は人なり」とか、「企業の社会的責任」などという薄っぺらなことしか言えない人が多い。また、インチキ経営法やインチキ投資法に簡単にだまされてしまう。

企業の進むべき方向について、的確な判断力を持っている人が多いとは思えない。現在の日本で最も必要とされることは、経営者の再教育だ。


人生100年時代は、いつまでも勉強を続ける時代

長寿化時代においては、人生に新しいステージが出現する。

人間の生物的条件から言えば、引退年齢が70～80歳にならなければならない。仕事をする期間が長くなり、働き方も画一的ではなくなる。だから、選択肢の幅も広がらなければならない。

人生100年時代になれば、大学で学んだものだけでは不十分だ。若いときに教育されたことだけで一生生きていける時代ではなくなる。

リンダ・グラットン、アンドリュー・スコット『LIFE SHIFT（ライフ・シフト）』（東洋経済新報社、2016年）は、人生100年時代には、ライフステージを構成し直すことが必要だと言う。

そのためには、新しい知識を得ることが必要だ。そして、それは独学によって得るのが最も効率的だ。

勉強するのは若いときのことであると考えている人が多い。しかし、これからは、高齢者の独学が重要な課題になる。

高齢者は、それまで得た知識のストックを保有しているわけだから、新しい知識を吸収し、それを解釈し、それを活用することを、若い人よりは容易にできるはずである。

3．フリーランサーや兼業を目指せ

フリーランサーの時代が来た

新しい技術の活用によって、新しい働き方が広がりつつある。

ダニエル・ピンクは、『フリーエージェント社会の到来』（ダイヤモンド社、２００２年）で、米国の労働人口の４分の1、約３３００万人が独立自営業的な働き方を選択していると指摘した。カリフォルニア州では、就業者の３人に１人は雇用という労働形態をとっていないとした。

その後、ＩＴの進展によって組織から離れて働く条件が整い、とくにアメリカでは、フリーランサーが増えている。ダニエル・ピンクが予言した時代が、現実のものとなりつつあるのだ。

ＩＴが進歩した結果、仕事の進め方に関する自由度が高まり、１カ所に集まって仕事をする必要性が薄れたからだ。高度の専門家について、とくにこのことが言える。こうした仕事を斡旋するためのスマートフォンのアプリもある。

これまでフリーランスと言えば、農業や小売業などが主だった。最近の特徴は、それが高度な専門家に及んでいることだ。

10年後には、アメリカの労働者の半分以上がフリーランサーになる

アメリカにおけるフリーランサーの状況は、調査会社のエデルマン・インテリジェンスが実施した*FREELANCING IN AMERICA: 2017*というレポートによって見ることができる。

フリーランサーの数は、2017年で約5730万人だ。フリーランサーでない就業者は約1億2700万人なので、フリーランサーがアメリカの労働人口約1億6000万人の約35・8%になる（なお、以下で述べるように、このレポートにおけるフリーランサーの定義はかなり広く、兼業や副業として仕事をしている場合もフリーランサーの範囲内に含めている）。このように、アメリカの就業形態は、伝統的な形態から大きく変化している。

2027年には、フリーランサーが約8650万人で、約50・9%と過半を占めるようになると予測している。

このレポートは、フリーランサーとして５つのタイプを区別している。

①独立契約者
雇用されず、一時的にまたはプロジェクトベースで自分自身で仕事を行う。

②分散労働者
従来の形の雇用やフリーランスの仕事など、さまざまな収入源から所得を得る。例えば、週20時間は歯科医の受付で働き、残りはUber で運転をしたりする。

③ムーンライダー
従来の形態で雇用され、その他にフリーランスの仕事をする。例えば、企業に雇われてウェブの仕事をするが、夜には、他の会社のウェブの仕事をする。

④フリーランスのビジネスオーナー
フリーランサーとして事業を所有し、何人かの人を雇用する。

⑤臨時雇用労働者

従来と同じように単一の雇用主の下で働くが、そのステータスが臨時的なもの。例えばデータの入力作業を3カ月契約で行う。

このレポートにおけるフリーランサーの定義は右のようにかなり広く、被雇用者とも重複している。ただし、そのうち純粋なフリーランスである①の定義だけをとっても約1920万人であるから、被雇用者総数の12％になる。

アメリカの就業形態は、伝統的なものとはかなり変化していることが分かる。

2015年においてフリーランサーが稼得した所得は、約1兆ドルに上った。2015年におけるアメリカの賃金所得は約7・9兆ドルなので、その約12・7％になる。雇用者数との比率より値が小さくなるのは、フリーランサーとしての収入が副次的なものに留まっていることを示している。それでも、これはかなり高い比率だ。

フリーランサーになった動機としては、「やむをえずと言うよりは、望んでそうなった」とする人の数が63％を占める。

フリーランサーの79％が、フリーランスは従来の就業形態よりもよいとしている。50％のフリーランサーは、いかに所得が高くなっても、フリーランスを捨てて従来の形の仕事には戻らないとしている。

日本でもフリーランサーは増えている。クラウドソーシングのランサーズが発表した『フリーランス実態調査　２０１８年版』によると、フリーランスの経済規模が初めて20兆円を超えた。これは、３年前に比べて４割ほど多く、２０１７年の雇用者報酬（約２７４兆円）の７％に相当する。また、副業フリーランスの人口は約７４４万人、経済規模は約７兆８２８０億円になった。

起業やフリーランスを容易にする条件の変化

ＩＴによって、少なくともコンピュータパワーに関するかぎり、資本の重要性は著しく低下した。「持たざる経営」が可能になってきているのだ。現在では、ウェブサービスに特化した事業であれば、驚くほど安い費用でスタートすることができる。このため、ベンチャーキャピタルの重要性は低下したと言われる。アイデアさえ優れていれば、高収益のビジネスが可能になるわけだ。

これは、大都市から離れた場所にいる人、中小企業、個人などにとって有利な方向への変化である。

こうした状況を考えると、本当は、起業を考えるのがよい。

ただし、言うまでもないことだが、起業にはリスクが伴う。家族がいる場合には、簡単には踏み切れないかもしれない。

そこで考えられるのが、フリーランサーとして仕事をすることだ。

『LIFE SHIFT』においても、新しい働き方として、フリーランサーとして働くことが紹介されている。

雇用されていても、これまでのようなフル雇用でなく、パートタイム、自宅勤務、エイジェント契約などでの就業形態をとることが考えられる。

兼業や副業で準備し、定年後にフリーランサーに

以上で見たように、組織から独立した働き方が可能になっている。

しかし、日本の場合には、起業はおろか、フリーランスでもリスクが高いと考えられるかもしれない。

日本とアメリカでは、事情が違う面もある。日本では企業間の人材の流動性が低いので、フリーランサーだけだとリスクが高いかもしれない。

まったくのフリーランサーになってそれだけで生活を支えようとするのは、さまざまな意味で難しい。フリーランサーの所得は不安定であり、かつ生活を支えるようなものにするのは、まだ難しい。

私は、ホームページ「野口悠紀雄online」で、フリーランサーに関するアンケートを行ったことがある（２０１７年３月）。その中で、「フリーランサーで仕事をする場合に、何が障害になるとお考えですか？」（複数回答が可能）に対する回答では、「収入が不安定」（73％）や、「十分な収入が得られそうにない」（45％）が多かった。また、「あなたが会社の従業員である場合、今後の予定は？」に対する回答では、「会社勤務を続けながら、フリーランサーで副収入を得たい」（47％）が多かった。

だから、日本の場合について言えば、フリーランサーとして完全に独立するのではなく、最初は、会社で働きながら、副業・兼業として行うことが考えられる。

私自身も、大学という特別な職場にいたこともあって、雑誌に寄稿したり本を執筆したりするなどの兼業を続けてきた。そして、兼業で行ってきたことが、いまに至るまで続いている。つまり、フリーランサーになっている。

完全なフリーランスでなくとも、兼業・副業の可能性

人生100年時代に、1つの組織の中で働き続けるのは、難しいだろう。それよりは、組織の中での仕事はある時点でやめて、あとは、自分のやりたいことをフリーランサーとしてやるほうがよい。

重要なのは、フリーランサーは、自分が望むかぎり、いつまでも続けられるということだ。多くの人にとって、年金はゼロではないだろうが、それだけで老後生活を支えるのは難しい場合が多いだろう。こうした事態に対して、例えば「60歳までに必要額を貯金すべきだ」と言われる。そうした貯蓄ができれば、理想的だ。しかし、実際にはできない場合が多いだろう。

だから、現役時代に副業を始めて準備し、定年後はそれを拡大するということを考えるほうがよいのではないだろうか。こうすれば、退職後に何もすることがなくなるといった事態には陥らず、生きがいを見出すこともでき、毎日に張り合いが出るだろう。

なお、日本の場合には、年金受給年齢に達しても、給与所得だと在職老齢年金制度によっ

て年金を減額またはストップされてしまう。しかし、フリーランサーとしての雑所得はカウントされないので、年金受給開始年齢になれば年金は全額受け取れる。この点から見ても、組織に頼って仕事を続けるのではなく、組織から独立して仕事をしたほうがよい。

日本でも兼業を認める会社が増えている

日本では、これまで兼業禁止の会社が多かった。８割超の企業が副業を認めていないのが現状だ。

これはすべてを企業内でまかなおうとする日本企業の構造に大きな原因があった。

ところが、最近では状況が変化している。日本でも、「副業解禁」の動きが生じているのだ。「日本経済新聞」（２０１８年４月５日）によれば、丸紅は４月から全従業員を対象に、勤務時間のうち15％を、通常業務から離れて「社内副業」に取り組むよう義務付ける。社員が部門を横断して動くよう促して新事業の創出につなげる。

同様の取り組みは、グーグルがすでに導入している。「20％ルール」という制度を導入しており、仕事時間の20％を、与えられた仕事以外の好きなプロジェクトに使える。それによって新しいアイデアが生まれ、それが企業の発展に大きな貢献をすると期待されているのだ。

国内では、三井物産が担当業務以外に一定の時間を使える仕組みを一部で導入している。ロート製薬は、2016年4月から、社員の副業を全面的に解禁した。本業に支障がない範囲で、週末や終業後に社外で勤務できる。なお、日産自動車、富士通、花王などは、以前から副業を認めている。ソフトバンクは2017年11月に、コニカミノルタは同年12月に、それぞれ副業を容認した。

こうした動きは、銀行にも広がっている。新生銀行は、2018年4月、大手銀行で初めて兼業と副業を解禁する。正社員、嘱託社員を対象に、本業と並行して異業種の仕事につくことを認める。英語の得意な人が翻訳の仕事をすることなどを想定している（「日本経済新聞」2018年3月28日）。

会社の枠を超えて培った技能や人脈は、企業の新規事業参入のきっかけになりえる。また、社員の多様性が高まれば、ビジネスの多角化や、新技術応用の可能性が広がる。

会社としても、兼業によって外部の世界とつながり、それが会社の新しい仕事の発展につながるという方向が望ましいと考えるようになっているのだ。1つの組織だけのために働くという時代ではなくなっている。

これを活用して新しい領域を開拓し、退職後にはそれを主たる仕事としていくという人生設計ができるだろう。

政府も、「働き方改革」でフリーランスを支援しようとしている。

インターネットを通じてサービスを提供する

ＩＴの進歩、とくにインターネットの進歩は、フリーランサーや兼業の可能性を著しく増大させている。

フリーランサーとして仕事をするためには、インターネットを通じて情報発信することが不可欠だ。ブログを開設したり、自分のホームページを作るのがよい。したがって、これについて勉強することが必要になるが、それは自分でやるのが最も効率的だ。

この類の情報は、実はウェブで一番手に入りやすい情報である。なぜなら、ＩＴ関係の専門家は、ウェブで情報発信することが簡単にできるからだ。自分の必要に応じて課題をウェブで検索すれば、まず間違いなく解決策を得ることができる。

どんなサービスを提供したらよいかは、人によりさまざまだ。世の中にさまざまな人がいる以上、さまざまなサービスが必要になるはずである。

自分が最も得意とするもの、他の人が提供できないものが提供できれば、最もよい。

そのための手段は多くなっている。YouTubeに投稿することでもよいかもしれない。ウェブの上で相談に乗るということもあるだろう。

いま行っている仕事に関連することのサービスでもよいだろう。例えば不動産や金融の関係の仕事をやっているのであれば、不動産の売買や遺産相続、あるいは事業承継に関して助言することなどができるだろう。職業選択のアドバイス、子育てのアドバイス、園芸などの趣味のアドバイス、そして自分史を書く手伝いなども考えられる。

人生相談に乗るといったことも可能だろう。あるいは、身の上相談に乗ることも考えられる。仲介サービスも考えられる。出張サービスをしてもよい。

地域の活性化プロジェクトを始める。観光ガイド。読書案内、文学講座などをコミュニティセンターで提供するなどもある。これらを友人と共同で仕事として始めてもよいだろう。

こうしたことの中には、所得には結びつかないものもあるかもしれないが、そうであっても、生きがいになるだろう。常に社会とつながっていて、張り合いのある生活を実現できるだろう。

フリーランサーとして仕事をしたいのなら、こうした発信を行って自分の存在を宣伝するのは、仕事の獲得に役に立つだろう。

第5章　なぜ学校でなく独学のほうがよいのか？

1. 社会人向け学校はビジネス

ビジネスとしての教育

この章では、学校で学ぶことと独学とを比べ、長所、短所の検討を行う。

社会人のための学校がたくさん設けられている。英会話学校、資格取得のための学校、通信教育、パソコン教室、各種の塾、社会人教養講座、等々。

こうした学校に通って学ぼうという人が多い。

私は、これらをいちがいに否定はしない。ただし、まず最初に注意すべきことは、これらがビジネスとして行われているという事実である。

これらは、授業料を稼ぐために行っている営利事業である。そのため、勉強をしたい人のニーズに本当に応えているかどうか、疑問である。実際、以下に述べるように、これらの事業が提供している教育には、役に立たないものが多い。

ビジネスであるために、その効果について誇大宣伝をしている面もある。それに十分注意する必要がある。

なお、職を得ることと学校が直結している場合もある。これは、ギルドの学校だ。こうした制度的な制約がある場合には、独学ではどうしようもないことが多い。これについては、本章の2で述べる。

なぜ教室に行くのか

資格試験のための勉強をする場合、「資格の専門学校」や「通信講座」を利用する人が多い。「資格試験に受かるにはそのための学校に行く必要があり、独学では無理」と考えている人が多いのだ。

専門学校に行くのは、「教室に行って座っていれば、数時間後に教室を出るときには、自然に能力がついている」と考えるからだろう。あるいは、「すでに多くの人がこの講座で合格しているのだから、ベルトコンベアに乗せられたように、私も合格するだろう」という考えだ。

もちろん、講義を聞けば、何らかの効果はあるだろう。それは否定しない。ただし、これはあまりに非効率な方法だと考えざるをえない。高い受講料を払い、貴重な時間を使って受けるだけの効果があるのだろうか？

コストを払ってもそれ相応のリターンが得られるとはかぎらない。逆に、「独学はタダだから質が悪い」とは言えないのだ。

同じことは、独学でもできる。そうすれば、自分の必要に合った勉強ができるから、効率的だ。

英会話教室に行くのは無意味

つぎのような意見があるかもしれない。

「独学しようとしても、何を勉強したらいいか分からない」「どうやって勉強したらいいか分からない」「自分でカリキュラムを作ることはできない」。

「こうしたことがあるから、教室に行く」と考えている人が多い。

しかし、各種学校が提供しているカリキュラム自体が問題である場合が多いのである。英会話学校とパソコン教室について、以下にこのことを説明しよう。

ビジネスで英語を使う場合、その分野の専門用語が必要になる。専門用語さえ分かれば、それを並べるだけでかなりのコミュニケーションが可能になる。そして、その専門分野の用語については、日常会話では使わないようなことも含め、深く知っている必要がある。

　このように、必要とされる英語は、個人によって大きく違うのである。

　ところが、英会話学校では、さまざまな人を対象にしている。したがって、「こんにちは、ご機嫌いかが」というように、誰もが用いる表現を広く浅く教育することになってしまう。

　これでは、ビジネスで英語を使えるようにはならない。

　ビジネスの英語を学ぶためには、その分野の文献を読んだり、その分野のテレビ放送を見たりして、表現を覚えるのがよい（これについては、第６章で詳しく述べる）。

パソコン教室は無意味

　パソコンの機能はさまざまだ。しかし、ある人が必要とする機能はそのすべてではなく、ごく一部だ。だから、その機能だけを知ればよい。しかも、それについては深く知る必要がある。

　ところが、パソコン教室は多くの人を対象にしているから、すべての機能について説明する。しかし、時間的制約から、個々の機能については十分深く説明できない。つまり、広く浅い説明になる。

こうした講義を受けても、時間の無駄だ。講義の内容を十分に理解したとしても、パソコンを駆使することはできないだろう。これでは、時間の無駄以外の何者でもない。キーボードを操作し、ウェブの記事を検索する方法だけを学んだら、あとは直面している問題についてウェブで検索を行えばよい。ほとんどの問題に対する解が得られる。「習うより慣れよ」とは、このことを言っているのだろう。これは、独学によるパソコンの習得法だ。

私は、チュートリアル（使用説明書や補助教材）の類も読んだことはない。

学校教育と社会人教育の違い

以上で述べたことは、英語やパソコンの学習にかぎったことではない。社会人になってからの勉強一般について言えることだ。

社会人の勉強では、必要とされる知識が、人によって大きく違う。また、達成したいと思う目的も個人によって違う。一般的な社会人講座で得られるような知識では、仕事には役立たないことが多い。

教育は、その人の知識の度合いあるいは理解の度合いによって内容を変えるべきだが、それは実際には難しい。だから、共通の内容になる。そのためやさしすぎて物足りなかったり、難しすぎてついていけなくなる。

2. ギルドの一部としての学校

独学が容易な分野と困難な分野

独学の容易さは、分野によって違う。独学が容易な分野と困難な分野があるのだ。

大学の学部で言えば、法、経、商、文は、独学がやりやすい分野だ。しかも、昔に比べて独学の環境は格段に改善された。会計やファイナンスなら、具体的な語句についてウェブ検索していくことによって、かなりのところまで勉強することができる。

数学も、独学がやりやすい分野だ。

以上は、いわゆる「座学」で勉強ができるものだ。

それに対して、医学は独学では習得できない。工学もかなり難しい。これらの勉強をするには、設備が必要だからだ。

実技の類も難しい。スポーツ、音楽、美術、踊り、演劇などだ。こうした分野について私はあまり詳しくないが、たぶん一対一で学ぶしかないのだろう。あるいは、学校や教室に通って実地に学ばないとだめだろう。

ギルドによる職業免許との戦い

いくつかの分野では、学校制度や徒弟制度が職業免許と連結している。

その典型は、中世ヨーロッパのギルド制だ。その中で最も強力だったのが、教会と医学だ。いずれも、言語としてラテン語だけを認め、普通の人々が近づけない世界を形成した。

教会では、ラテン語を読める人だけが聖書を読める。そして神の教えを広められる。聖書は、修道院の聖職者によってラテン語で書写された。聖書はラテン語記述のみが許されており、ラテン語の知識がない普通の人々が読むことはできなかった。

だから、ラテン語ができれば、キリスト教世界で出世できた。そして、修道院学校が、教会社会に入るための学校としての役割を果たした。

『赤と黒』のジュリアン・ソレルは、僧院制度に入ることはできなかったが、ラテン語を武器として、聖職者として出世した。

医学においては、大学の医学部が医師への登竜門の役割を果たす。

バレエでも、学校制度が組み込まれている。１７３０年代にロシア、サンクトペテルブルクに設立された帝室舞踊学校が有名だ。この学校は、現在では、ロシア国立ワガノワ・バレエ・アカデミーになっている。

医学やバレエの学校の存在には、必然性がある。教室でなければ得られない技能が伝えられているからだ（バレエスクールの場合には、選抜の機能もある）。医学やバレエを独学で習得することは、ほぼ不可能だ。

しかも、病院や劇場と学校が直結しているから、学校を卒業しないかぎり、その世界で職を得ることはできない。これらは、現代社会に残る最強のギルド制度と言える。

軍の士官学校も、軍という巨大なギルドの幹部候補生養成学校だ。

印刷術の進歩で徒弟制度が崩壊

中世のヨーロッパの徒弟制度も、独学を禁止する制度だった。

職人はそれぞれの職種ごとのギルドに属し、ギルド内部で教育された。ギルドは、その知識をギルドの内部だけで伝承し、その秘密保持によって技術を独占した。さまざまな技術は親方から口承で伝えられ、それらが文章化されることはなかった。

ギルドの職人は、「息子が父の職業を継ぐことができない場合には、身内以外にはその技術を教えてはならない」とされていた。

仮に別の方法で技能を学んだとしても、それを用いて仕事をすることはできない。こうして、ギルドは、知識を独占することによって、事業の独占をはかったのだ。

しかし、15世紀に近代的な印刷技術が発明され、知識の伝搬に関する技術が大きく変わった。それによって、知識を自力で獲得することが可能になった。これによって、ギルドによる知識独占と事業独占は、次第に崩壊した。

現代社会では、インターネットの発達によって、やる気になれば何でも独学で学べる。最先端の科学や技術も学べる。

シグナルとしての資格は意味があるか?

現代の社会にも、ギルドと似たものとして、「資格」がある。

資格が直接の意味を持つのは、弁護士、公認会計士、税理士など、資格者だけにその仕事が認められているようなものだ。独立して個人で仕事をする場合に、こうした資格が重要な意味を持つことは間違いない。

もっとも、資格の意味を、特定の仕事につくための条件と限定して考える必要はない。シグナルと考えれば、どんな資格でも意味がある（第４章で述べたように、「シグナル」とは、能力を示す代理指標として用いられる、簡単に観察できる指標のこと）。

資格はシグナルとして機能する。とくに、転職のときには有効なシグナルになるだろう。初対面の相手に自分の力を証明する手段としては、かなり有用な手段になるからだ。

3．学校でなければできないこと

学校のほうが効率的な場合

学校でなければできないことがある。あるいは、学校で学ぶほうが、独学より効率的である場合もある。

実際、基礎教育は、どこの国でも、学校の教室で大勢で受けることが普通だ。

こうする理由は、2つある。

第1は、勉強を強制する必要があるからだ。

第2は、生徒や学生の間の交流、情報交換、競争が重要であるからだ。学校教育は、人間が社会生活を始める最初の場を提供しているのである。

高等教育においても、学校のほうが優れている場合がある。それについて、以下に述べよう。

大学の効用は人的交流

大学は言うまでもなく「学ぶ」ための場であるが、機能はそれだけではない。学生相互間の情報交換も、大変重要な機能だ。

大学の効用は、同じ目的意識を持っている人が周りにいることだ。同じ問題意識を持っている人たちが1カ所に集まれば、そこでの情報交換は、大変重要な機能を果たしうる。勉強グループがよいのは励みになるからだが、なかなか長続きしない。大学がよいのは、そうした環境が用意されていることだ。

学生同士の情報の交換は、新しいビジネスを立ち上げるときには、重要な意味を持つ。シリコンバレーのベンチャーの多くがスタンフォード大学から生まれた。それは、スタンフォード大学で（あるいは大学院で）、「ベンチャービジネスの起こし方」という講義を行ったからではない。学生同士（あるいは、大学のスタッフ）が一緒に仕事をし、情報交換をしたからだ。

こうした効果を独学に期待するのは難しい。独学をするなら、そうした機会は別途見つける必要がある。

組織が外に対して閉鎖的である日本の場合に、これは、とく重要なことだ。会社人間になってしまって四六時中会社の中で過ごすと、会社の中の人との情報交換だけを行うようになる。すると、外の世界で何が起こっているかに関する認識が、大きくゆがんでしまう可能性がある。

こうした状況を打破するために、社外の人々との集まりは重要だが、ただ集まってもだめだ。同じ問題意識を共有していることが重要である。

この他の側面でも、大学という社会的機関の存在意義が失われたとは思われない。

なぜなら、教授と学生のコミュニケーション、学生と学生のコミュニケーションには、直接の対面でしかできないものも多く、ウェブ上に大学を作っても、多くを期待できないからだ。

例えば、ウェブ上の大学では、質問に対して教授からリアルタイムで返事をもらうことは期待できない。

他方で、大学のすべての側面がこれまでのままでよいとは思えない。インターネットの拡大に伴って、大学の機能が変化することは、認めざるをえない。

新しい大学MOOCsとは

MOOCs（ムークス）というものがある。これは、Massive Open Online Courses の略だ。インターネット上で誰もが無料で受講できる大規模な開かれた講義である。条件を満たせば修了証が交付される（有料の場合もある）。

ハーバード大学、スタンフォード大学などのアメリカの大学が行っている。東京大学は、2013年9月にコースを提供し始めて以降、いくつかのコースを提供している。長岡技術科学大学や大阪産業大学などの工学系大学も取り組んでいる。放送大学も行っている。

これらを統合する日本オープンオンライン教育推進協議会（JMOOC）が、2013年

11月に発足した。

1週間で見るべき講義が5〜10本公開される。各講義は10分程度の動画で、見終わると確認のための小テストが提示される。1週間の学習が終わると課題が提示されるので、提出期限内に提出する。これを4週繰り返し、最後に総合課題を提出して完了となる。

週ごとの課題と総合課題の全体評価が修了条件を満たしていれば修了証がもらえる。受講生も講義を評価する。

アメリカの場合には、かなり有用な内容のものが提供されている。しかし日本語で受講可能なＭＯＯＣｓで本当に必要なものが提供されているかどうかと言えば、少なくとも現状では不十分だと言わざるをえない。

連続した講義形式の動画としては、Apple のiTunes Ｕもある。これは、Apple Store でも提供されている。無料だ。

あるいは、Udemy（ユーデミー）というウェブのサービスもある。これは有料だ。まだ日本語のものが多くない。内容はＩＴ関係のものが多い。

これまで述べてきたように、独学の問題は、カリキュラムを作るのが難しい点だ。

本の場合には系統立てて叙述する必要があるから、実用上はあまり重要でないところも書いておかなければならないという事情もある。

それに対して教室の中では、どこが重要かを知らせることができる。しかし、こうした点は、MOOCsなどのオンライン講座であれば、実際の教室と同じように強調できる。

カリキュラムを自分で組むのが難しいと考える人はMOOCs等のオンライン講座を利用したらよいだろう。

第6章　独学を継続させるには

1．継続のためのテクニックこそ重要

継続は力なり

独学の最大の敵は三日坊主だ。1人で勉強していると、つい怠けたくなる。どんな勉強についても継続が必要だが、独学の場合はとくにそうだ。「継続は力なり」。そのとおりだ。ゲーテは、つぎのように言っている。

Übung, Übung, Übung. Übung macht den Meister. Es ist noch kein Meister vom Himmel gefallen.

（訓練、訓練、訓練。訓練が巨匠を作る。巨匠は天から降ってくるものではない）

では、どうすれば勉強を継続できるのか？

これは、勉強をする場合の最も重要な技術の１つだ。継続できるための方法論は、勉強の非常に重要なノウハウである。ところが、そのことを学校では教えてくれない。不思議なことである。

継続のために必要な４つのこと

勉強を継続するために必要なのは、つぎの４つだ。

①はっきりした目的を持つ
②強いインセンティブを持つ
③勉強の楽しさを活用する
④時間を確保する

「勉強をしなければならないと思うのだが、長続きしない」と言う人が多い。こうなるのは、右の条件が満たされていないからだ。

「とにかく勉強をしなければ。勉強をしなければ置いていかれる」というあせりだけがあるから、こうなる。あせりだけでは、勉強は続けられない。とりわけ社会人の場合には、仕事があるので、そうなる。

まず最初に、目的をはっきりさせ、強いインセンティブを持つ必要がある。

それができても、勉強が苦痛であれば、長続きしない。「自己管理が必要」と言われるが、これでは、「無理なことをしなければならない」ということになる。勉強を押しつけられると、勉強が嫌になり、長続きしない。嫌々ながら勉強しても、能率は上がらない。

しかし、本当は勉強は楽しいものなのだ。それを実感できるような仕組みを作ろう。

社会人が勉強する場合、そのための時間を確保するのは、大変重要だ。しかし、同時に、大変難しいことでもある。忙しい生活の中で、どうすれば勉強の時間を確保できるか？　そのためには、これまでの生活スタイルを見直すことが必要だ。

以上をまとめると、図表６－１のようになる。

以下では、ここで示されている各項目について、具体的な方法を述べよう。

図表6－1　独学を継続させるために必要な事項

項目	原理	なすべきこと	具体的にすべきこと	実際の例から学べること（参照ページ）
目的とインセンティブをはっきりさせる	目的とインセンティブがはっきりしていないと勉強は長続きしないで三日坊主に終わる	・目的をはっきりさせる ・明確なインセンティブを持つ（立身出世でもよい）	・できることと、できないことを区別する ・中期的な目標を作る	フランクリン（50ページ） リンカーン（52ページ） カーネギー（53ページ） シュリーマン（44ページ）
勉強が楽しいことを活用する	・人間はもともと好奇心が強い ・知識が増えれば好奇心がさらに増す	—	勉強して知識を増やす	フェルマー（55ページ）
教えることで学ぶ	勉強せざるをえない環境を作る	人に教える	本を書く ブログに書く	シュリーマン（44ページ）
勉強の時間を確保する	まとまった時間がないと勉強はできない	無駄の排除	・ゴルフや付き合いはほどほどに ・パーティーは早めに切り上げる ・テレビを見ない ・通勤時間帯の活用	「フェルマーの最終定理」を証明した数学者のワイルズ（151ページ）

2. 独学を続けるには具体的な目的が必要

勉強する目的は何か？

「勉強する」と言うが、その目的は何だろうか？

単に知識を得たいとか、教養を深めたいというだけでは、抽象的であり、漠然としている。それによって勉強を開始することにはなっても、長期にわたって勉強の努力を牽引する力にはなり難い。それだけの目的で、忙しい仕事の中で勉強を続けるのは、難しい。挫折してしまう危険が大きい。

目的は、抽象的ではだめだ。継続のためには、もっと明確な目的を持つ必要がある。何を知りたいのか？　どのような知識を身につけたいのか？　どのような能力を身につけたいのか？　何をどこまでやるのか？

このように目的をはっきりさせ、そして、それに合わせるように逆向きに勉強するのだ

（「逆向き勉強法」については、第3章の1で述べた）。

勉強する目的は、それによって将来、所得を得ることなのか？

資格を取りたいのか？

あるいは、いまの仕事に関する最新の情報を得ることか？

それとも、自分の経験を多くの人に知らせることか？

目的は、明確で具体的なほうがよい。イメージとして描けるようなものがよい。

例えば、それを活用して、退職後の収入源を確保する。会社で新しいプロジェクトを提案して、立ち上げる。会社の仕事を続けるかたわらで、副業を始める。うまくいけば、起業する、等々だ。

こうしたインセンティブがあれば、途中で挫折しないだろう。

「できることと、できないこと」の見極め

つぎに、「できることと、できないこと」の見極めをつける必要がある。

「ノーベル賞を取れるような能力を獲得すること」を実現するのは、難しいだろう。努力しても、成功しない確率が高い。しかし、資格試験なら、多くの人が合格しているのだから、

努力すれば可能だろう。

目標の水準は低すぎても意味がないが、かと言って高すぎても、単に大風呂敷を広げるだけのことになる。

「可能か不可能か」の見極めは大変重要なことである。可能ということが分かっていれば、挫折しない。

「具体的にどのような水準か？」は、人によって違う。また、どこが適当な水準かを客観的に判別する方法もない。直観で判断するしかない。ただし、先達や先輩が行ってきたことは大いに参考になるだろう。

なお、第5章の2で述べたように、どんなことでも独学でできるわけではない。楽器の演奏や踊りなどは、自己流でやっても、たぶんだめだろう。

また、規制があるため、独学が不利になっていることもある。典型例が、自動車運転免許のための勉強だ。

日本では、教習所に通わないと運転免許を得にくい状態になっている。独学で運転を覚えても、試験を通るのが難しい。これは、事実上独学を禁止する制度だ。しかし、それに合理的な意味はない。事実アメリカでは、自宅にある車で家族から運転を習うのが普通だ。日本の自動車運転免許制度は、退職後警察官のための雇用創出装置以外の何者でもない。

長期目標だけでなく、中期目標も決める

目標について、長期目標と中期目標を区別しよう。

例えば、専門的な技能を身につけて、それで生計を立てることを目的にしたとしよう。これは長期的な目標だ。

それを実現するためには、どうしたらよいか？　それが中期目標だ。それは、数年間（できれば２～３年間）で達成できるようなものがよい。

計画が長続きしないのは、長期目標ばかり考えて、中期計画がないからである。

資格試験を、中期計画における目標として利用することができる。英語であれば、ＴＯＥＩＣ®の試験で一定の点数を取ることを目的にしてもよい。あるいは、フィナンシャルプランナーといったことでもよい。さらに進んで、税理士、公認会計士、司法試験などを目的にしてもよい。

資格は、長期目標ではない。つまり、最終的な目的ではない。

資格そのものが役に立つかどうかは、疑問である場合もある。少なくとも、資格を取得し

たからと言って、必ずしも職が得られるわけではない。最近では、司法試験を通って弁護士資格を取っても、仕事が得られないこともある。資格取得は、勉強を継続するための中間目標と考えるべきだ。「牛にひかれて善光寺参り」というが、資格試験は、この話における牛のようなものである。

資格は、それ自体に意味があるというよりは、勉強を進めるための目標であり、インセンティブだと考えるべきだ。

中期的な目標を設定したら、その実現に向けた勉強のスケジュールを作る。そして、達成度を測る。

3．強いインセンティブが独学を牽引する

インセンティブの基本は向上心

勉強を進めるためのインセンティブの基本は、向上心だ。これが勉強の原点だ。あからさ

まに言えば、「勉強をして自分の社会的地位を向上させたい」という欲求だ。

こう言ってしまえば、「あまりに功利的で身も蓋もない」と批判されるだろう。

しかし、私はそうは思わない。真理の追究を目的として勉強している学者を別とすれば、多くの人は実利を目的として勉強している。

その実利とは、「社会をよくする」といった類の抽象的で利他的なものではない。もっと利己的なものである。貧しい社会では、明らかにそうだ。

第２章で紹介した人々、フランクリン、リンカーン、カーネギーを思い出そう。彼らは、何とかして自分の実力を最大限に発揮できる環境を作ろうとして勉強した。

直接の目的が金儲けであってもよい。シュリーマンが外国語を勉強したのは、それが楽しかったからであろうが、外国語ができれば外国で仕事ができるということがあったからだろう。実際、彼がクリミアで仕事ができたのも、ゴールドラッシュのカリフォルニアで仕事ができたのも、外国語ができたからだ。そして、その先には、資金ができたら発掘をしたいという夢があった。

勉強で上昇できる社会は健全

出身階層や門閥であらゆることが決まってしまう社会ではなく、勉強で獲得した能力が評価される社会は、健全な社会だ。高度成長期の日本はそうした社会であった。

しかし、そうではない社会が、いまでもある。私がバングラデシュを訪れたのはだいぶ昔のことだが、そこで見た光景はいまでも忘れられない。

学齢期の子供たちが、街で物乞いしている。彼らは、教育によって能力を高める機会を、最初から奪われているのである。状況は、いまでもあまり変わらないだろう。

子供から教育の機会を奪うのは、最も憎むべき犯罪行為だ。

人間だけが勉強によって成長することができ、社会の中での地位を高めることができる。昆虫は生まれたときにすべてが決まっている。働きアリは脱皮して成長しても、女王アリになることはできない。私は、出身階層や門閥で決まる社会ではなく、勉強で獲得した能力によって上昇できる社会こそが健全だと思う。

貧しい社会では、本人が「勉強したい」と考えていても、それが必ずしも親に支持されるとはかぎらない。高度成長期以前の日本では、多くの子供たちが、親に隠れて勉強した（仕事の手伝いを逃げて）。

ところが、日本人が豊かになってから、「勉強をしたい」という意欲が失われた。ハングリー精神を失ったのである。「勉強しなさい」と言われ続けるいまの日本の子供たちは、あわれだ。

日本が勉強の必要ないユートピアになっているのなら話は別だが、長期的に経済的地位が下落し、勉強の必要性が非常に高いにもかかわらず、勉強しない。これは悲劇である。

アメリカのような競争社会では、いまでも大学院生が死にもの狂いの勉強をしている。それだけの意味があるからだ。

そうしたインセンティブに乏しい日本の社会は問題だ。とはいえ、いまの日本が昔の貧しさに逆戻りすることはできない。勉強の成果が評価されるような社会になることを望みたい。

勉強を自分に強制するような環境を作る

勉強を自分に強制する環境を作ることも有用だ。追いつめられれば、真剣になって勉強するものだ。

「自分を追いつめるための方法」は、いろいろある。

例えば、「資格試験を受ける」と宣言して、いろいろな人に告げる。合格しないと恥をかくことになるから、一所懸命勉強するだろう。

また、「人に自慢したいから勉強する」というのも重要だ。英語の場合、それを実際に使う機会であってもよい。例えば、「会社の上司との出張があり、そこで英語の実力を見せたい」といったことだ。そうした役割を自ら買って出て、作り出してもよい。

「人に見せたいから、あるいは自慢したいから努力する」というのは、決して悪いことではない。「政治家は、偉くなるほど能力が高まる」と言われる（能力があるから偉くなるのでなく、偉くなるから能力が高まる）。それと同じことである。人間のこうした心理は、勉強においても積極的に活用すべきものだ。

4．勉強は楽しい

好奇心こそ勉強の推進力

以上で述べたインセンティブは重要なものだが、それだけでは勉強は苦しいものになってしまう。人々が「お手軽勉強法」を求めるのは、「苦しい勉強をできるだけ早く済ませて、結果だけ欲しい」と考えるからだろう。

実は、勉強の最も強いインセンティブは、好奇心である。面白いから、楽しいから勉強するのだ。

研究者は、社会に貢献しようとして研究しているのではない。面白いからやっているのだ。人間はもともと好奇心が強い。これは人間としての本能なのだ。なぜなら、自然界で人間だけが勉強によって進歩するからだ。

そして、知識が増えれば、好奇心はさらに増す。知りたいことは、加速度的に広がるはずである。そして、さらに勉強したくなる。

問題意識を持っていれば、情報が捉えられる。問題意識を持って情報をプルする人と、プッシュされる情報をただ受ける人の差は大きい。

歴史の勉強でもそうである。外国に行くと、その土地の歴史に興味が出る。歴史を知れば、旅行がさらに楽しくなる。

一生勉強を続けている人たちもいる。『戦争と平和』に登場するニコライ・ボルコンスキイ公爵は、一日中高等数学に没頭している。これを書いたレフ・トルストイも、70歳を過ぎてからイタリア語の勉強を始めたそうだ。

江戸時代の日本には、算額（さんがく）というものがあった。数学の問題を解いて、それを神社に奉納していたのだ。高等数学を趣味にしている人が江戸時代には大勢いたのだ。これらは、投資としての勉強ではなく、消費としての勉強だ。

勉強の楽しさを教えるのは、教師の最大の役目だ。それを果たしていない教師が日本に多いのは問題だ。私は、物理学や数学の面白さを教えてくれる教師についに出会わなかった。

しかし、アメリカに留学したとき、経済学の面白さを教えてくれる教師に巡り合うことができた（数理経済学の創設者の1人である、ヤコブ・マルシャック）。

知識がないと興味がわかない

なぜ好奇心を持たない人がいるのか、私にはとても不思議だ。

私は、国内線の飛行機に乗るときは、窓際に座り、天気がよければ、ずっと地上を見ている。首が痛くなってしまうほどだ。自分がよく知っている場所を上空から見られるのは、本当に楽しい。

ところが、ほとんどの乗客は、窓側席にいても地上を見ていない。地上の風景に興味を持たないというのは、私には信じられないことである。たぶん、地理が分からないために、興味がわかないのだろう。

私が非常に驚いたのは、1997年にヘール＝ボップ彗星(すいせい)が地球に近づいたときのことだ。たまたまシアトルに行く用事があり、成層圏を飛ぶ飛行機の中から、この世のものならぬ彗星の姿を見た。

一方の窓に乗客が偏ってしまって飛行機が傾いてしまうのではないかと心配したのだが、驚いたことに、窓の外を見ているのは私だけだった。後ろの席の乗客は、読書灯をつけて新聞を読んでいた。一生に1度あるかどうかというチャンスなのに、どうして平然としていられるのだろう。

そうした光景に興味を示さない人が多いにもかかわらず、テレビで流される映像を見ている人は多い。病院の待合室でテレビ受像機を置いてあるところが多い。しばらく前から、大型の受像機を置くレストランが増えてきた。私には邪魔なことこの上ないのだが、多くの人は、テレビから流される情報をただ受動的に受け入れている。

5. 教えることによって学ぶ

知識を増やしたければ教えよ

「知識を増やしたければ教えよ」と言われる。これは正しいと思う。

「人に教える」ことは、勉強の強力な牽引力になる。

第2章で述べたシュリーマンの例を思い出そう。彼は、外国語の勉強のために金を払って人を雇ったのだが、教えを受けたのではなく、その人に外国語を話すことによって教えたのである。教えることが、外国語の勉強を続けるインセンティブになったのだ。

ある問題について原稿を書くことを約束してもよい。内容のない原稿になってしまえば恥をかくから、その問題について真剣に勉強するだろう。

「誰かが見てくれる」と思えば、やりがいになる。

「人に見せたり、自慢したりしたい」というのは勉強の重要な牽引力になると、本章の３で述べた。「教える」というのは、「人に見せたい」とか「自慢したい」というのと基本的に同じことである。繰り返すが、「教えるために勉強する」のでなく、「勉強するために教える」のである。

教師と学生の差は3日間

以上で述べた方法は、私が実際に行ってきたものでもある。

私は、大学で教えるために勉強し、そして原稿を書き、本を書くために勉強してきた。

「そうしたことのためには学ばなければならない」という面はもちろんあるが、それだけではなく、教えることを、学ぶためのインセンティブに利用してきたことも間違いない。

「原稿を書くために、調べなければならない」ということはもちろんあるが、「勉強するために、書く機会を活用しよう」と思ったことも多いのである。

本を書いている時間が充実しているのは、調べて勉強し、知識と理解を増やしているからだ。本を書き終えると、がっかりしてしまう。

つまり、知ることが目的なのであり、教えたり、書いたりするのは、そのための手段の１

つなのだ。

教えることは、独学に対する非常に強いインセンティブになる。

第3章の2で、「教師と学生の差は縮まっている」と述べた。最近では、「教師と学生の差は3日間だ」と言われることもある。これは決して悪いことではない。教師も常に独学を続けているのである。

実は、教師と学生の差が2、3時間くらいしかない場合も多い。つまり、2、3時間前に勉強したことを教えている場合すらある。

ブログで発信してみる

「そう言われても、教える機会などない」「本を書けるのは一部の人だ」との意見があるかもしれない。

しかし、そんなことはない。いまでは、ブログで誰でも同じことができる。

例えば、あなたが金融機関に勤めているとして、最近の金融情勢を勉強したいのであれば、勉強の成果をブログの解説記事として連載するのがよい。

昔であれば、自費出版には大変な費用がかかった。しかし、いまではそれと同じことが、ブログで簡単にできる。

無料だから、誰にも文句を言われることはない。少々間違えても、後で訂正すればよい。

そして、それを友人に知らせる。あるいは、ツイッターで広める。

「人に教えるほどの専門知識は持っていない」と言われるかもしれない。

それなら、「勉強のまとめ」を作ればよい。

例えば、会計学の勉強を始めたのであれば、「会計学入門」というブログを作ってみる。

そこに、勉強したことをまとめて整理していく。自分の考えをまとめる。

あるいは、これまでやってきた仕事について、セミナーを開く。園芸や日曜大工についてのものであってもよい。そのうち、コミュニティセンターなどで講義する機会が来るかもしれない。

6. どうやって勉強の時間を作るか

忙しくても時間は必ず見出せる

どうやって勉強の時間を作ればよいか。

学生のときには、すべての時間を勉強のために使うことができる（実際には多くの学生がそうしていないのは、まことにもったいないことだ）。しかし、社会人の場合には、勉強のための時間を作り出すことは容易ではない。

「勉強したいけれども、勉強するための時間がない」と言う人は多い。確かに、仕事で忙しい人が、勉強のための時間をとることは、難しいだろう。

だが、勉強のインセンティブを持ち、問題意識を持っていれば、必ず時間を見出すことができるはずである。

第2章で述べた独学の先達たちを思い起こそう。彼らは、仕事を続けながら、独学のための時間を見出したのだ。

無駄なことを切り捨てる

最も重要なのは、余計なことをしないことである。人生は短い。私は、だいぶ前から、省庁の委員会の類への出席を一切やめた。

「フェルマーの最終定理」の証明を１９９３年に発表したプリンストン大学教授の数学者アンドリュー・ワイルズ（２０１１年からオックスフォード大学教授）は、大学の講義だけは続けたが、学会活動すらやめて研究に没頭した。

あまり必要ではない付き合いに、かなりの時間を使っていないだろうか？　ゴルフなどの付き合いから得られる利益は、いまの社会では、減少しているのではないだろうか？　その時間を勉強にあてるべきだ。

一般に、人付き合いや派閥活動の利益は、昔に比べて減少しているはずである。実際、会社の未来を考えている経営者は、パーティーや宴会を早く切り上げて勉強している。

日常生活を見直してみよう

その他にも、見直すことができる時間はあるはずだ。

入院しているときに、他にやることもないので、仕事がずいぶんはかどったことがある。退院してから分かったのは、家にいると、勉強や仕事をサボるための誘惑がたくさんあるということだ。

そこで、まず現在の日常生活を見直してみよう。実は、無駄なことに時間を使っている場合が多いのではないだろうか？

テレビを見ている時間はどのくらいあるだろうか？　移動に使っている時間、すきま時間がどのくらいあるだろうか？

これらは、単なる習慣であって、深い反省なしに漫然と続けられていることも多い。だから、見直せば、大きく変わるだろう。

無理に切り捨てることをしなくとも、勉強をしたくなれば、自然に切り捨ててしまうだろう。

そして、自分でしなくてよいことは、金を払ってでも、人に任せたほうがよい。私は、税金の申告は、かつては自分で行っていたが、いまでは、細部に至るまですべて税理士に任せている。

通勤電車が独学に最適の環境

多くの人が無駄に過ごしている時間帯がある。それは通勤時間帯だ。

独学のための理想的な環境は、通勤電車の中だ。第8章で述べるように、とりわけ外国語のリスニングの勉強には最適だ。文字を見ずに音だけ聞いていればよいからだ。

しかも、満員の電車の中では他にすることがないから、気が散らない。集中できる。地獄の満員電車は最高の勉強場になる。災いを福に転じよう。

毎日勉強する習慣をつけよう。そうすれば、数年経てば、そうしたことをやっていない人との間で、大きな差がつくだろう。

電車の中での時間帯の過ごし方を見ていると、その人の未来が見える。本を読んだりメモを取ったりしている人が最近では減ってきた。スマートフォンを見ている人が多いのだが、何を見ているのだろうか？

第7章　学ぶべきことをどのように探し出すか？

1. 独学では自分でカリキュラムを作る

独学の最大の問題はカリキュラムの作成

学校に行って教室で席に座っていれば、先生が必要なことを教えてくれる。だから、それを聞いていればよい。つまり、「プッシュを受ける」だけでよい。この場合、勉強の体系を示す「カリキュラム」は、先生が用意してくれる。

それに対して独学では、知りたいことを自分で決める。つまり、「プル」しなければならない。

したがって、「何をプルするか」ということが重要になる。つまり、カリキュラムを自分で作らなければならない。

基礎教育では、カリキュラムが決められている。これは長年の経験によって作られたものだから、まず信頼してよいだろう。しかし、社会人になってからの勉強ではそうではない。

図表7－1　カリキュラムに関する学校と独学の違い

	カリキュラム	よい点	悪い点
学校	与えられる	・自分で作る必要がないから、楽 ・基礎教育の場合は、正しいと信頼できる	・社会人の場合は、一般的なカリキュラムだと役に立たないことが多い
独学	自分で作る	・自分の都合に合ったカリキュラムを作れる	・カリキュラムを自分で作るのは容易でない ・間違ったカリキュラムを作ってしまう危険がある

知りたいことは、人によって大きく違うからだ。

ところが、社会人のための学校では、一般的な人を対象として一般的なカリキュラムしか作らない。したがって、個人個人の要請には合わないことが多い。

例えば、英会話学校。一般的な英会話を教えるだけで、専門的なコミュニケーションには役立たない。この問題は第8章で再び論じる。

ウェブでは実にさまざまな知識が手に入る。しかし、それらは、体系のない混乱した知識である。

百科事典はもともとそうした性質を持っている。ウェブでは、ウィキペディアでさえも、体系的な知識を得るためには適当ではない。

ウェブでは何が重要か分からない。これをリンクされている数の順に並べたのがグーグルの検索エンジンの大きな貢献だ。そうであっても、本当の重要度を示しているかどうかは分からない。

しかも、ウェブの情報は、正しいかどうか分からない。書籍の場合には、何重にも校閲が入って誤りを正している。しかし、ウェブでは、そういったプロセスを経ないで出されている情報がほとんどである。

過去問や教科書でカリキュラムを作る

独学が学校の勉強と違う最大の点は、「問題は何か」を自分で捉えることだ。大学の勉強では、専攻を決めるときには考えるが、あとは大学がカリキュラムを与えてくれる。つまり、問題は与えられている。

しかし、独学ではどの方向に進むか、何を勉強すればよいのかを、自分で決める。指示待ち人間ではだめだ。

何を勉強すべきかは、目的によって異なる。

私が大学生時代に公務員試験の準備で経済学を勉強したときは比較的簡単だった。なぜなら、経済学を体系的に勉強しようと思ったわけではなく、試験でよい点を取ることだけを目的にしたからだ。そのためには、過去問が最もよいカリキュラムになる。

ファイナンス理論の講義を始めようと思ったときは、アメリカの教科書の目次を見た。新しい分野を勉強するには、その分野の標準的な教科書を見るのがよい。

中身を詳しく勉強しなくても、目次を見ればどのような項目を勉強すればよいかが分かる。カリキュラムとは目次を作ることだ。

そして、知るべきことが分かったら、ウェブあるいは百科事典で調べる。これらは、カリキュラムが分かった後、個別の知識を得るためのものだ。

インターネットの検索は、独学のための非常に重要な手段だ。これについては第９章で詳しく述べることにしよう。

特に、音声入力ができるようになって、検索はきわめて容易になった。天気予報などを調べるのに使っている人が多いのではないかと思うが、そこで止まってしまうのでなく、さまざまなことを調べるのに使おう。昔であれば「物知り」に聞かなければならなかったことが、すぐに分かる。

2. 問題は何か。重要なことは何か

「問題を探すこと」の重要性

まず重要なのは、問題そのものを「探す」ことである。

何を目的にして何を勉強したいのかという問題意識を明確にすることが重要である。

学校秀才に欠けている能力は、これである。日本の学校教育では、問題を探す訓練をしない。与えられた問題を解くことだけだ。これこそが受験勉強の最大の弊害なのである。受験勉強の弊害とは、詰め込み教育でも暗記教育でもない（これらは、むしろ必要なことだ）。

受験勉強に励み、会社に入り、上司の指示で仕事をしてきた人は、「何をやるかを自分で決める」という経験をほとんどしていない。そういう人が組織のトップになっているから、状況が変わっても、これまでのことを続けるだけで、新しい事態に対して事業の方向を大きく変えるということをしない。

新事業をやるにしても、皆と同じことしかしない。「何をやればよいのか？」、それを見つけるのが、独学の最大のポイントなのだ。

重要なことは全体の2割

勉強の成果は努力に比例しない。勉強の成果はやり方によって大きく変わる。よくできる学生というのは、何が重要かをしっかりと押さえている学生だ。勉強ができる学生はまんべんなくやっているのではなく、重要な点を押さえている。つまり、不均質な努力をしているのだ。勉強のコツは「集中すること」なのである。

それに対して、平板な勉強をする学生は、努力のわりに成果が挙がらない。真面目に時間をかけているにもかかわらず一向に成果が挙がらない人は、努力する対象を間違えているのだ。重要なことと重要でないことを区別せず、一様に対応している。努力すること、真面目にやること、時間をかけること、これらは確かに重要なのであるが、それだけでは成果は挙がらない。「どこに努力を集中するか」こそが、重要なのである。不均一な努力こそが重要なのだ。

集中すべきところは、「急所」「つぼ」「押さえどころ」「勘所」「コツ」などと呼ばれているものだ。

これは、「ヤマをかける」のとは違う。不確かな勘でどこかに集中しているのではなく、「重要なところ」を押さえているのだ。そして、それに集中する。

これは「幹と枝葉の区別」と表現してもよい。頭のよい子、勉強のできる子は、幹を押さえるのが上手な子である。勉強の苦手な子は、枝葉の中で、何が要点か分からず、膨大な情報の中で途方にくれている。

「crucialなこと」を教えてくれるのがよい教師

しかし、本の場合には、体裁が必要であるから、それだけを書くわけにはいかない。

一方、講義では何が重要かということを言える。

アメリカで経済学を学んだとき、大変印象的だったのは、"crucial"という言葉である(「大変重要な」という意味)。多くの教授が、「この点はcrucialだ」と連発していた。学習で重要なのは、crucialなこととtrivial(些細)なことを、はっきり区別することなのである。

何がcrucialかを教えてくれることが、学校教育の最も大きな利点だ。

ところが、独学ではそれが分からない。したがって、重要でないところに力を入れて突っ込んでしまう危険がある。

逆に言えば、何が重要かを示してくれず、平板なことしか教えない教師は、無能教師である。

では、独学の際に、どうやって重要なことを見出せるか。これが大きな問題だ。

3．重要である2割をどう探すか？

基礎から一歩一歩でなく、とにかく高いところまで

新しい分野を勉強するとき、基礎から一歩一歩というのが普通だ。

しかし、私は、この方法に疑問を持っている。

私が強調したいのは、「途中で分からないところがあっても、とにかく全体を把握せよ」という勉強法だ。

とにかくできるだけ早く山頂に登る。

なぜこの方法が効率的なのか？　それは、「高いところから見れば、よく見える」からだ。

鳥の目で見ればよく見えるのである。

全体を把握すれば、個々の部分がどのように関連しているかが分かる。とにかく最後まで行ってしまえば、何が重要かが見える。なぜ、ある概念が必要だったのかが分かる。個々の概念がどのようにつながっているかが分かる。

部分を積み上げて全体を理解するのでなく、全体を把握して部分を理解するのである。

数学の分からなかったところは、後になって振り返れば、自然に分かる。難しい論文でも、全体像を把握すれば、個々の部分は理解しやすくなる。

バイパスすることが正解である場合

進歩が激しい分野では、ある時点において必須とされている知識も、時間が経つと不要になる場合がある。そう予測される場合には、それらに関する勉強は必要最低限のものに留めておく。これはとくにIT関係について言えることだ。

1980年代にMS－DOSが登場したとき、そのコマンドを使える必要があった。ところが、その後、PCが進歩し、MS－DOSそのものを知らなくてもPCを操作できるようになった。いまでは、多くのソフトの背後でMS－DOSが動いているが、それを意識することはない。つまりＭＳ－ＤＯＳについての知識はほとんど不要になってしまった。

そのときに勉強したことは、いまは無価値になった。

同じことがＨＴＭＬ言語についても言える。ウェブデザインではこれは必須のプログラミングだった。しかし、これについてもその後、アプリが進化し、直感的な操作で目的の効果を達成できるようになった。ＨＴＭＬ言語を知っているほうが便利な場合はあるのだが、どうしても必要というわけではない。

似たことが、多くの場合について言える。専門的な知識が必要なく、ごく普通の知識だけで操作ができるようになってきたのだ。

4．書籍から知識を得るテクニック

読書の技法

独学の際に、知識を得る基本は、読書だ。

そこで、まず最初に、本を選ぶ方法が必要だ。

書評で選んだり、読んでいて参考文献に出ているものを読む、というのが普通の方法だ。いまでは、アマゾンで選ぶと関連の書籍が出てくるので便利に使える。読者の評価もある。これも参考になる。ただし、それに完全に頼ってよいのかどうか、疑問に思う場合もある。

昔、東京駅の新幹線改札口の近くにあった小さな書店では、推薦書を示していた。SFなどかなり的確な推薦だった。他の書店もこのようなサービスを提供してくれるとありがたい。

世に「ビジネス書」と言われているものの中には、内容がないものも多いので、注意が必要だ。実際、「自己啓発書」と言われているもののほとんどは、役に立たない。とくに、「手軽に勉強できる」ことを売り物にするものが、そうだ。

考えてみれば明らかなように、手っ取り早く学べることは、すぐだめになる。お手軽啓発書は、何の役にも立たない。

そこで、本を買ってきたら、全体をパラパラめくって「見る」。読むというよりは、その準備段階だ。「読む価値があるものか?」を判断する。15分間程度あれば、見当がつくだろう。

どこから読めばよいか?　読みたいところから読む。順番にこだわる必要はない。小説は最初から順に読まないとだめだが、ビジネス書や教科書であれば、最初から読む必要はまったくない（岸信介は書類を最後から見たそうである）。

目次も参考になる。

また、すべてが重要であるわけでもない。著者としては、体系的に書く必要がある。しかし、それらすべてが同じ重要性を持っているわけではない。

大学院生のとき、図書館の本をどう読んだか？

問題は、「どこを読めばよいか」だ。

これに関連して、私がアメリカの大学院で勉強していたときの話を述べよう。

アメリカの大学院では、膨大な量のリーディングアサインメントがある。これは、授業を受ける前提として、来週までに読むように、という参考文献のリストだ。

英語を母国語としない留学生には、これはかなりの重い負担になる。英語を速読できないというハンディキャップがあるからだ。「1週間のうちに厚い本を10冊も読め」などというリーディングアサインメントは稀ではないのだが、とても対応できない。

そこで、私は図書館に行ってアサインメントの本を借り出し、本を地（本を立てた場合、下側になる切り口）から眺めた。すると、ページが黒くなっている部分がある。黒くなっているのは、その箇所がよく読まれていることを示している。

多くの学生は、その本を最初から最後まで一様に読んだのではなく、黒くなっている部分を読んだのだ。これは、つまり、その部分が最重要ということだ。多くの場合に、それは本全体の2割にもならない。

これは、速読ができないためにやむをえずせざるをえなかった対応だが、そうでもしなければ、膨大なリーディングアサインメントはとてもこなせない。しかし、いま思えば、リーディングアサインメントへの対応としては、正しい方法だったと思う。「こんなにたくさんは読めない」としてギブアップしてしまうことに比べれば、ずっと積極的な対応だ。

本に書き込みをしよう

ついでに言うと、本にある書き込みで重要な情報を得たこともある。図書館の本には、「ここが非常に重要」とか、「この記述はおかしい」などの書き込みもあり、大変有益だった。

私は、こうした形で先人と会話できたことに感激し、その知恵に感謝しながら、図書館の本を読んでいたのである。

図書館には、「蔵書に書き込みをしないでください」という注意書きがあるが、あれは間違っていると思う。正しくは、「蔵書には一定水準以下の内容の書き込みはしないでくださ い」とすべきだろう。そうしなければ、貴重な知的財産を失うことになる。

この方法はいまの私には使えない。しかし重要なことを教えてくれる。本の中核となっている部分は、全体の２割にもならないということだ。２割どころか、数％しかない場合も多い。そして、そこを重点的に読めば、すべてを平板に読むよりずっと多くを学べるということだ。

私は本を読むときに、線を引いたり書き込みをしたり、本の最初の余白の部分に要約を書いたりしている。これは、私なりの索引である。後になって読み返す場合に便利だ。「本をきれいに読まなければならない」というのは、間違いだと思う。

第8章　英語は独学でしかマスターできない

1．英語の必要性がますます高まる

どんな仕事をするにも英語が必要

これからの社会で必要になるのは、「シグナル獲得のための勉強」ではなく、「武器獲得のための勉強」である。つまり、「大学に入学するための勉強」ではなく、「実力を高めるための勉強」である。第4章でこのように述べた。

では、「武器」とは、具体的には何か？

第1は、外国語、とくに英語である。これは、どんな分野でも必要とされることだ。

経済活動がグローバル化したいま、英語が仕事に必要なことは明々白々だ。日本語だけで仕事をして企業活動がグローバル化できたら、奇跡である。これまでの日本企業の国際活動とは、「製品を海外に売ること」だった。これなら、海外営業部門の人が英語ができれば済む。

しかし、製造部門までが海外に移転するグローバル化では、これでは対応できない。現場部門の人々も、英語でコミュニケーションをする必要がある。

検索をする場合も、日本語で検索するのと英語で検索するのでは、得られる情報の質・量に大きな違いがある。とくに、専門用語については、そうだ。

「グローバル化」の点で最も遅れているのは大学だ。10年くらい前のことだが、マレーシアで国際会議があったとき、聴衆の1人の学生が、「日本の大学院で勉強したい」と言ってきた。講義内容などを説明した後、「でも講義は日本語だよ」と言ったとたんに、彼の表情は一変した。そして、首を振り、足早に去っていってしまった。１９８０年代には、「日本企業で仕事をしたいので、日本語を習いたい」と言っていた学生が多かったのだが、そうした時代ははるか大昔だ。

いま、講義を英語でしなければ、外国人の優秀な学生を集めるのは不可能だ。講義が日本語であるかぎり、大学が国際化したことにはならない。皮肉な言い方をすれば、いまどき「グローバル」などということを宣伝文句として掲げること自体が、日本の大学がいかにグローバル化していないかを象徴しているのだ。

なお、言うまでもないことだが、英語だけがうまくなってもだめである。それはコミュニケーションの手段にすぎないからだ。英語を使って何を伝えるかが重要である。英語力は、必要条件だが、決して十分条件ではない。

内向きになった日本人

韓国の若い世代で英語が非常にうまい人が多くなった。そして、アメリカやカナダに進出して仕事をしている。一昔前はそうではなかった。１９９０年代末のアジア通貨危機で「国には頼れない」と考えるようになった韓国の若者は、積極的に世界に活躍の場を求めるようになったのだ。

日本では、これまでは国内に十分なチャンスがあったが、これからも国内だけで十分かどうかは、分からない。しかし、「国内」という制約をはずしてグローバルな視点を持てば、いくらでもチャンスが広がっている。日本の若者は、韓国の若い世代のヴァイタリティを見習うべきだ。

ロシア人の英語もうまくなった。昔のバレリーナは、英語が実に下手だった。しかし、いまのロシアのバレリーナは、外国語を自由に使いこなしている。そして、ロシアに留まらず、外国のバレエ団で活躍するようになっている。

バレエや音楽には言葉がないので、外国語は必要ないと思いがちだ。しかし、そうではない。ソ連崩壊後、ロシア人が外国で活躍できるようになって、外国語ができることの意味が高まったのだ。

こうしたことと比べると、日本の状況は、世界水準から異常と言えるほどに遅れている。これは、中学・高校で十分な英語教育が行われなかったからだ。

英語を世界語としてコミュニケーションが行われるようになった世界で、日本は孤立してしまった。国際会議で、日本代表があまり発言しないと昔から言われていたが、最近でも事態はあまり変わらないだろう。

国際会議では、正式な会議より舞台裏での交渉が重要なのだが、ここではもっと立ち後れているだろう。緊密なコミュニケーションから疎外されることによって、日本の国益がおかされているわけだ。

私の世代のほうが、外国で学び、外国で仕事をする人が多かったのではないかと思う。私の友人たちの中には外国で仕事をし、住み着いている者は多い。子供たちが外国人になった者も多い。

しかし、最近ではあまりそうしたことを聞かない。日本人は内向きになったのではないだろうか。

なお、ここでは、英語を念頭に置いている。ただし、ここで述べることは、英語についてだけでなく、外国語一般にもかなり当てはまる。

新しい条件として、中国語が必要になってきた。これについては、他の外国語とかなり異なるアプローチが必要だ。ここでは、読めるテクニックが必要だ。これに関しては、ダイヤモンド・オンラインで書いた（「中国語ができなくても大丈夫　野口悠紀雄の中国経済統計『超』読解法」http://diamond.jp/category/s-noguchichina）を参照されたい。

子供は言葉を独学で習得している

アメリカでは子供でも英語をしゃべっている。ロシアでは小学生でもあの難しいキリル文字を読める。よく冗談でこのように言われるが、そのとおりである。

言葉は格別の才能がなくても、誰でも習得できる。そしてその習得は独学による。だから、外国語の勉強はそれほど難しいことではない。

しかも、大人になってからは、幼児が自国語を習得するときより、もっと効率的な方法で学ぶことができる。

大人になってからでは、言葉の習得は難しいと言う人がいる。しかし、大人になってから外国語を完全にマスターした人はたくさんいる。第2章で紹介したシュリーマンの例を思い出していただきたい。だから、この説は疑問だ。

2. 専門分野の英語が必要

ビジネス英語で重要なのは専門用語

ビジネスで使う英語は、学校教育で学ぶ英語とどこが違うのか?

学校教育ではすべての用途に必要な英語を教えている。しかし、これと仕事に使う英語との間には差がある。

語彙(ごい)については、専門用語が必要である。また、専門的な表現も必要だ。

これらは、一般の日常的な用語や表現とはかなり異なる。専門用語が分からないと、専門家同士の会話は成り立たない。逆に、専門用語さえ分かれば、同じ専門家同士の意思疎通はできることが多い(どのような言葉が必要かは、分野によって違う)。

例えば、税の話をするのであれば、「税額控除」「累進課税」「節税と脱税」などの用語を知らないと、まったく「話にならない」。逆に、これらの用語さえ知っていれば、専門家同士の会話は、かなりの程度まで進む。

これは、あらゆる専門分野について言えることだ。

ビジネスマンだけではなく、プロフェッショナルについても一般的に言えることだ。例えば、野球やサッカーなどのスポーツ選手が世界的に活躍する場合が増えてきた。こういう分野にも専門的な表現がある。例えば、「バットをどう振るか」についての表現だ。これは特殊な表現であり、普通の英会話には登場しない単語や表現が必要になる。

だから、国際会議の同時通訳は、分野によって違う。しかも、事前に必ず打ち合わせをして、どのような言葉が使われるかをチェックする。税の問題の会議に現れた通訳は、「あなた方が話しているのは『税語』です」と言った。

英会話学校では専門用語を教えない

英会話学校やテレビ・ラジオの英会話の英語教育では、「専門用語こそ重要」という認識がきわめて希薄だ。極端に言えば、「ご機嫌いかが」とか、「今日は天気がいいですね」というような挨拶や会話が英会話であるとしている場合が多い。少なくとも、それが「実用英語」の主要な内容だと考えているようなのだ。

しかし、これだけでは、専門家同士がコミュニケーションを行い、仕事を進めていくことは到底できない。最初の挨拶はいいとしても、その後は、その分野での「税語」が必要になる。だから、英会話学校にいくら通ったところで、英語で仕事ができるようにはならない。「仕事に使う道具」という視点がないことが、日本人の実用英語学習における大きな誤りである。

語学教室で、こうした英語教育を提供できないのは、専門分野の知識を有する教師を揃えることができないからだ。

以上の問題は、英会話学校だけが持つものではない。「ビジネス英語」という類の本をよく見かけるが、ここにあるのは、「ビジネスに関連のあるシチュエーションで話されている英語」という程度のものであって、実際のビジネスで使えるレベルのものとはほど遠い。

挨拶の類がまったく不必要だとは言わないが、仕事を進める場合には、それほど重要なものではない。初めて会った人に挨拶するのであれば、何を言うかよりも、笑顔で話しかけることのほうが重要だろう。

3．文章を丸暗記する

文章の丸暗記こそ最も簡単

外国語を勉強する方法は、シュリーマンが言っていることに尽きる。つまり文章を丸暗記するのである。単語を孤立して覚えるのでなく、文章として覚えるのだ。

孤立した単語を1つずつ覚えようとしても覚えるのは難しい。だが、ある程度の長さの文章であれば、何度も繰り返し読めば、覚えることができる。何度聞けばよいかは個人差があるが、普通は20回程度聞けば覚えられるだろう。20回繰り返し読むためには、独学で行うしかない。つまり、外国語は独学でしか習得できないのだ。

私はシュリーマンのことは知らなかったが、高校生の頃から意識的にこうした勉強をした。最初は教科書を丸暗記した。他の教科の勉強をして疲れたら英語の教科書を取り出して音読する。ただ読んでいるだけだから、楽なものだ。精神的な緊張は必要ない。いつの間にか暗記できる。

いったん教科書を全部覚えてしまうと、個々の単語の意味は、文脈に位置づけることによって分かる。その箇所を思い出せなければ、少し前に遡り、そこから思い出していく。人間の記憶は、どこかを思い出すと、その続きは芋づる式に出てくるものなのだ。だから、苦労せずに目的の箇所を思い出せる。

単語を思い出す場合もそうである。例えば、私は、resilient（柔軟性がある）という言葉をどうしても覚えられなかったことがある。しかし、ある物語の中に"Children are resilient."（子供は柔軟性がある）という文が出てきて以来、決して忘れることがなくなった。思い出す場合、記憶の中で「柔軟性」という日本語の周辺を探しているのではなく、Children という言葉の周辺を探しているのである。

「長い文章を全部覚える」という方法は、一見すると無駄に見える。文章に登場するほとんどの単語は、知っている単語だからだ。しかし、そうではない。人間の記憶は、関連のない単語を孤立して覚えられるようにはできていない。意味がある一定の長さの文章を覚えるようにできているのだ。

繰り返そう。孤立した単語を覚えるのは、難しい。一見すると無駄に思われるが、ある程度の長さの文章を丸暗記するのが、最も簡単である。

この方法で勉強していると、試験は簡単だ。文章の前置詞だけが隠されていて、「ここに来る前置詞は何か?」といった問題があるのだが、こうした問題は、完璧にできる。なにしろ、全文を暗記しているからだ。ルール違反をしているような後ろめたさを覚えるときすらあった。

なお、以上の方法は、受験勉強にも使える。日本の私立大学では、英語の成績がよければ、それだけで入学できるところがある。だから、受験勉強を勝ち抜くのは、それほど難しいことではない。

名文句を覚える

ただし、教科書は面白くない。そこで、詩や文学作品を暗記することにした。

例えば、ウィリアム・シェイクスピアの『ジュリアス・シーザー』におけるマーク・アントニーの演説、『ハムレット』の有名な独白、『ロミオとジュリエット』のバルコニーの場など。ドイツ語では、ヘルマン・ヘッセの短編『詩人(*Der Dichter*)』を全文暗記した。

そして、政治家の名講演を丸暗記しようとした。ところが、私が高校生のときには、音源を見つけるのが大変難しかった。その当時発明された「ソノシート」でジョン・F・ケネディの就任演説を手に入れたときには、宝物を見つけたような気分になったことを、よく覚えている。

4．聞く練習に集中する

なぜ聞くことが重要なのか

英語に関して多くの人が陥っている大きな誤りは、「英語を流暢に話せるようになりたい」と考えることだ。

しかし、実際には、「正確に聞けること」のほうがはるかに重要である。なぜか？

第1の理由は、「話せても、聞いて理解できなければ実用にならない」ということだ。「実用会話集」といった類の参考書には、「駅に行く道を教えてください」というような例文が載っている。しかし、それを参考書どおりに話せたとしても、答えを聞き取って理解することができなければ、まったく無意味だ。

聞き取れない場合に、相手に「ゆっくりと簡潔に答えてください」と要求することは、普通はできない。話し手がいかに難解な言葉でいかに速く話そうとも、正確に聞き取れなければならない。

また、多数の人が出席している会議や講義などの場合には、自分の都合で「ゆっくり話してください」とは要求できない。要するに、リスニングの場合には、相手をコントロールできないのである。

実際のビジネスシーンでは、聞くことに徹する場面が多い。ひたすら聞くのである。だから、実用英語における最も重要な目的は、正しく聞けるようになることだ。

聞ければ話せる

聞く練習に集中すべき第2の理由は、正確に聞くことができれば、ほぼ自動的に話せるようになるということだ。

だから、話す訓練を特別に行う必要はない。「信じられない」と言う人が多いだろうが、本当である。私は、このことを、実際の学習を通じて学んだ。

しかも「話す」場合には、話したいことだけを話せばよい。ゆっくり話すこともできる。あらかじめ用意することもできる。つまり、自分でコントロールできるのだ。だから、話すのは、聞くよりずっと簡単だ。

会社の役員などが、外国人との会見を通訳付きで終えた後、「相手の言っていることは分かるのだが、こちらから言う場合の適切な表現が分からなくてねぇ」などとよく言う。

しかし、これは嘘である。もし相手の言うことを完全に理解できているのなら、通訳なしで仕事ができているはずなのだ。この役員が言っているのは、「相手の言っていることの中で、聞き取れた単語も少しあった」ということなのである。

ところで、英語のリスニング訓練は、完全な独学が可能である。英会話学校に通ったり個人教師について勉強する必要はない。

後で述べるように、いまやインターネットからいくらでも教材が入手できる。市販の高価な教材を買う必要もない。というより、自分用の教材を作り、１人で勉強するほうがはるかに効率的だ。

「英会話学校や個人教師の指導が必要。高価な教材が必要」というのは、「供給者の論理」なのである。それに陥ってはならない。英会話学校は、ビジネスとしてなされていることを忘れてはならない。最大の目的は、生徒の英語力を高めることではなく、講師の生活を支えるために授業料を徴収することだ。

正確な英語を書くのは難しい

以上では、「聞くことに集中すべきだ」と述べた。

もちろん実際には、読み書きも必要だ。

英語を読むには特別の訓練は必要ないだろうが、問題は速読だ。とくに、「知りたいことが書いてあるか。それはどこにあるか」を見出すことだ。検索にかけるのが1つの方法だが、面倒だ。これは、必要に迫られて苦労して、訓練するしかない。

英語を書くことは難しい。

メール程度なら、実際のメールでのやりとりで自然に覚えるだろう。相手のメールにある表現を真似ればよい。

しかし、正式の書類や論文は、本当に難しい。「ここにはtheが必要なのだろうか?」などと迷い出すと、1日中考えても分からない。

これは、英語を母国語とする人に頼むのが一番よい。私は、博士論文の英文チェックは、同僚の学生に頼んだ（費用を払って）。帰国して大学で働くようになってからは、大学院に来ている留学生に頼んだ（これは、食事をご馳走する程度で済んだ）。いまでは、英文校正サービスがインターネット上にたくさんある。会社の正式な書類や論文などの場合には、そうしたサービスを利用するのがよいだろう。

5. 教材となる音源はウェブにある

かつて、音源の入手は容易でなかった

教材は、どうやって手に入れればよいか？

一昔前までの外国語学習は、学校で習ったり語学学校に行くのでなければ、書籍やラジオ・テレビの語学講座などに頼らざるをえなかった。しかし、書籍では発音が不十分にしか分からないし、ラジオ・テレビ講座では、自分の進捗度に合わせた学習ができない。また、何度も繰り返し学習するには、録音・録画する必要があった。録音テープやＣＤ－ＲＯＭが

使えるようになって、これらの問題はかなり克服されてきた。しかし、費用がかかるし、自宅外での学習には、プレーヤーを持ち歩かなければならないなどの問題もあった。

第3章で述べたように、私は、アメリカ留学から帰ってきてから英語の訓練を始めた。

私はこれを、極東米軍のラジオ放送FENのニュース解説をカセットテープに録音して聞くことで行った。当時は、外国語のラジオ放送を録音するしか、音源を得る方法がなかったのだ。

いまでは、インターネットに音源をいくらでも見出せる

その当時に比べれば、いまや利用できる音源は比較にならぬほど増えた。インターネット上に良質で無料の音源をいくらでも見出すことができる。

いくつかの観点から見て、これが一番便利だ。

まず、自分の好みや必要に合うものを、積極的に選択することができる。そして、ほとんどが無料である。さらに、録音や録画をしなくとも、スマートフォンなどで、どこでも簡単に聞くことができる。こうして、学習の可能性が大きく広がった。

外国のテレビを見ることもできる。YouTube にはさまざまな説明や講義がある。画像が

あるので、理解がしやすいだろう。

しかも、内容を勉強することもできるので一石二鳥だ。

海外勤務、外国出張の予定がある人、あるいはＴＯＥＩＣ®などの英語試験を受けなければならない人にとって、英語の勉強のための理想的な道具が、いまや無料で簡単に使えるようになったわけだ。

インターネットにアクセスするだけでよいので、いますぐ実行してみよう。

「無料で良質の音源がいくらでも手に入る」というのは、インターネットがもたらした最大の利益の１つだ。われわれの世代には利用できなかった英語勉強の手段が、いまはいとも簡単に得られるのである。

専門用語を勉強するには

専門用語を学習するには、どうしたらよいか？

一番よいのは、その分野の講義を、外国語で受けることだ。ただし、これは容易に実行できることではない。

それ以外の方法もある。そのための教材は、いまはウェブで豊富に得ることができる。

アメリカの大学の講義を見るとよいだろう。大学が提供している動画は時間の制約がないので、かなり長い番組だ。

アメリカの大学の講義をインターネットのYouTubeで聴講することもできる。アメリカの大学の講義がどのようなものかを知るだけでも意味がある。

インターネットには、政治家などの演説集もある。「ニュース解説や大学の講義などの英語のスピードが速くて聞き取れない」と感じる人は、演説から入るのがよいかもしれない。演説は日常の英語よりスピードが遅く、一語一語はっきり話している場合が多いので、聞き取りやすいだろう。

さまざまな分野のものがあるので、自分が興味をひかれる分野を選べばよい。言葉の勉強で最も重要なのは、興味を失わないことである。学校の教科書の最大の問題は、興味をひかれないことだ。

なお、読み上げサイトの活用も考えられる。インターネット上には、無料で利用できる読み上げサイトがいくつかある。

かなり長い文章も読んでくれる。任意の内容を読める点では、便利だ。また、話すスピードも切り替えられる。ただし、自然な英語でないことは間違いない。

YouTubeにある英語教材

YouTubeには、英語の独学に使える動画がたくさんある。

では、具体的に、どんな動画を選んだらよいか？

選ぶべき動画は、どのような英語を学びたいかによって異なる。

第1に、基本的な英語を学びたい場合。

この目的のためには、イギリスの公共放送ＢＢＣが、英語を母国語としない人たちのために作成したBBC 6 Minute Englishが便利だ。現在話されていることがテキストのどこかを示しているので、英語を聞きなれない人にとっては便利だろう。

なお、当然のことながら、これはＢＢＣが作成しているので、話されているのは「イギリスの英語」だ。一般にイギリスの英語とアメリカの英語はアクセントなどが違う。BBC 6 Minute Englishの英語はあまり癖がないが、アメリカの英語を勉強したい人は、Learn English with VOAなど、アメリカの動画を見るのがよい。

第2に、ビジネスに役立つ英語を学びたい場合。

YouTubeには、ビジネスの役に立つ動画が多数ある。自分が興味ある分野について検索をすれば、適当なものを見出すことができるだろう。ただし、字幕がないものも多い。

BBC 6 Minute English や Learn English with VOA の中には、英語の字幕付きで、経済や技術などについてのテーマを扱っているものがいくつもある。

YouTube では、選択した動画と関連が深い動画が右側に掲示される。それを見ていると、「興味を引かれて、そこからつぎの動画を選ぶ」ということになるだろう。知らない間に、つぎつぎにいくつもの動画を見てしまう。そうしたことを行っていると、いつの間にか、字幕などなくても、話されている英語を理解できるようになるだろう。

第3に、映画などの名場面や名演説を見て、それを真似したい場合。

これについても、よい動画がたくさんある。しかし、字幕があるものが少ない。なお、YouTube には違法アップロードされているものも多いので、注意が必要だ。

日本語に翻訳して理解しようとしてはいけない

YouTube の動画を英語の勉強に使う場合、字幕のあるものが少ないことが問題になるかもしれない。元の動画に字幕がなくとも、YouTube の画面にある「字幕」ボタンをオンにすると、英語の字幕が現れる場合がある。ただし、これはコンピュータの音声認識機能によって自動的に作られたものであり、正確でない場合がある。なお、元の動画に字幕がある場合、「字幕」をオンにすると重なってしまうため、オフにしておくほうがよい。

ＤＶＤやブルーレイディスクであれば、ほとんどのものに字幕があるし、分からないところを繰り返して見ることもできるので便利だ。映画については、ＤＶＤやブルーレイディスクで見るほうがよいだろう。

外国の映画を見るときに、注意すべき点が２つある。

第１は、「字幕」といっても、日本語に翻訳された字幕でなく、外国語の字幕で見ることだ。そうしないと、日本語で理解していることになって、外国語の勉強にはならない。

一般に、外国語の勉強で陥りやすい誤りは、「日本語に翻訳して理解しようとする」ことである。そうではなく、外国語のままで理解しなければならない。そうしないと、英語を実用的な目的に使うことができない。いちいち日本語に翻訳していては、日常的なコミュニケーションのスピードについていくことはできない。

日本人の多くが、無意識のうちに「日本語に翻訳して理解しよう」とするのは、学校時代の英語教育がもたらした弊害であろう。私たちの時代の英語の授業は、「まず英語を読み、つぎにそれを日本語に翻訳し、さらに文法などについて説明する」という方式で進んだ。いまでもそのような方式が続けられているのではないだろうか？

本来、外国語の授業では、日本語を一切使わず、外国語だけを用いて授業を進めるべきだ。そうしていないのは、教師がそのための能力を持っていないからだろう。

注意すべき第2点は、常に「外国語を聴き取ろう」と意識することだ。

映画を見ているとき、外国語の字幕を見ていてもよいが、それだけで満足するのでなく、聴くことを意識する。字幕を見れば、聴き取れない言葉が何かは分かるだろう。

「聴き取ろう」とする意識がないかぎり、何度聞いても外国語の勉強にはならない。しかし、聴き取ろうとして聴いていれば、聴く能力が無意識のうちに向上していく。そして、長い時間の間には、大きな変化が生じるはずである。

6. 通勤電車の中で勉強する

通勤電車は勉強に最適の環境

「勉強の必要性は分かっていても時間がとれない」と言う人が多いだろう。

そうした人たちに、私は、通勤時間の利用を勧めたい。

通勤電車の中で、簡単に外国語の勉強ができる。聞くだけなら満員電車でもできる。イヤフォンで聞いていれば、周りの人の迷惑にならないだろう。

通勤電車の中では、他にすることがないから、集中でき、学習に専念できる。そして、継続できる。だから、外国語の勉強に最適の環境だ。これまでは無駄に使っていた通勤時間帯を、語学学習のためのゴールデンタイムに変えることができるのである。災いを転じて福となすことができる。こうした可能性を利用するかどうかで、数年後の仕事力には、大きな差がつくことになるだろう。

2年間勉強すればよい

以上のような勉強を、どの程度の期間続けたらよいだろうか?

外国語を支障なく使えるようになるために必要とされる勉強時間は、4000時間程度と言われている。ただし、英語の場合は、学校の課程ですでに勉強している。どのくらい勉強したかは人によって違うが、自習や復習時間を入れると、2000〜3000時間程度だろう。

したがって、あと1000〜2000時間程度勉強すればよい。通勤時間が往復2時間だとし、日曜祝日等を除外すると、2年間でほぼ1000時間になる。だから、通勤電車の中で英語の勉強を2年間程度続ければ、完全に英語を使えることになるわけだ。

2年間というのは、決して短い期間ではない。しかし、外国語の勉強には、時間がどうしても必要だ。手軽に英語がうまくなるということはありえない。ある程度の時間がかかるのはやむをえないのである。

ただ、これは、「2年間勉強すれば、英語を使えるようになる」ということであるのに注意しよう。無限に長い時間が必要とされるわけではない。

世の中には、「必要ではあるが、十分ではない」という類のことが多い。しかし、ここで言っているのは、十分条件である。つまり、「やればできる」のだ。しかも、高い授業料を払う必要もない。特殊な能力も必要ない。必要なのは、「心がけ」だけである。

英語を「味方」にしよう

以上の方法を成功させるために最も重要なのは、「面白いから続ける」ということだ（第

６章の４参照）。「つらいけど続ける」というのでは、２年間は続かない。興味を持って長い訓練を続けることが、英語の勉強においては大変重要なことだ。そして、外国語の勉強とは、もともと面白いものなのである。

もう１つ重要なのは、「英語は味方だ」と考えることだ。英語は可能性を開いてくれるという意味で、強力な味方なのである。そうした体験を１度でもすれば、英語を勉強する態度が変わるだろう。英語を憎むべき対象、闘うべき対象と考えていては、勉強は苦行になってしまう。そして、能率は落ちる。そのため試験の成績が落ちれば、ますます英語を嫌いになる。そうした悪循環に陥ってはならない。

聞くことができれば、情報収集の能力はいっそう高まる。外国のテレビ（インターネットで見ることができる）などを通じて、情報を集められるからだ。

それに、何よりも、「聞いて分かる」というのは、楽しいものだ。最初は何も分からなかったのに、だんだん分かる部分が多くなっていく。それまで霧の中でおぼろげにしか見えなかったものが、次第にはっきり見えてくる。これは、楽しいことだ。だから、仮に実用的な目的が何もなかったとしても、外国語の学習は意味がある。

ビジネスで使う英語は、独学でしか習得できない

以上で述べたことをまとめよう。

英語の勉強は、独学でできるし、独学でしかできない。その理由は、つぎのとおりだ。

第1に、仕事で必要なのは専門分野の英語だ。英会話学校では、これを提供できない。

第2に、英語の勉強には文章の丸暗記が必要で、そのために繰り返し読み、聞く必要がある。これは、1人でしかできない。

第3に、教材となる音源の入手が容易になった。

実際の方法としては、通勤電車の中で英語を聞いて暗記する練習をする。これを2年間続ければよい。

第9章　検索は独学の重要な道具

1. 知識を「プルしよう」という態度が重要

検索の前に、「何を知るべきか」をはっきりさせる

検索は、独学を進める場合のきわめて重要な道具だ。検索をうまく活用できることは、効率的に独学を進めるために不可欠だ。

ただし、これは、第7章で述べた方法によって、勉強のカリキュラムを作ってから後で行う作業である。

つまり、「私が知りたいことは、一体何なのだろうか?」、あるいは、「私がすべきことは、一体何なのだろうか?」をはっきりさせてから後の作業である。

それなしに検索をすれば、断片的な情報の大海に呑み込まれてしまうだろう。

「何を知るべきかという方向づけを明確にすること」。これこそが、独学における最も重要な課題である。

検索は、まず「態度」の問題

検索というのは、第1に態度の問題であり、第2に技術の問題（検索の方法論）だ。

一番重要なのは、「分からないことを検索で調べる」という態度だ。

これについては、世代によってかなりの差がある。

ある程度以上の世代は、若い時代に検索に接していないので、知識を得るためには、印刷物を見る、あるいは専門家に聞く、という態度をとる。本能的、自動的にそうした態度になるのだ。

それに対して、あるところより若い世代は、何か分からないことがあると、気軽にスマートフォンを引き出して、検索で調べる。

いまでは、スマートフォンで、しかも音声検索で検索ができるようになったので、非常に簡単に検索ができる。だから、検索ということに馴染みがない世代であっても、「検索で調べる」という態度を身につけるべきだ。

1日に1度も検索を行うことがないというのであれば、その人の知的生活には問題がある。真剣に考え直すべきだ。外から来る情報に受け身に対応しているだけであり、自分から学ぼうとする意識がないことの反映だからだ。

第1章で述べたように、検索を行うことが独学の第一歩である。

情報は自分で探し出す

世の中には、「プッシュ」されてくる情報を受けるだけの人が多くいる。

これは、テレビの視聴時間が長いことに現れている。テレビは、受動的手段の典型だ。画面から流れてくる情報をただ受け入れるだけのことだ。解決したい何らかの問題のために、情報をプルする手段としてテレビを使うことは、まず不可能だろう。

日本では、一般に「検索」機能に対する意識が低い。日本の書籍に索引がないものが多いのは、書籍がプルの手段として意識されていないからだろう。アメリカでは、索引のない本は専門書とは見なされない。これは、情報を「プル」したいと考えて本を読む人が多いからだろう。

情報に対するこのような態度の差は、インターネットにも明確に現れている。

インターネットを情報のプルに使うにしても、天候や株価を調べたり、レストランの場所を探したりする程度にしか使わない人が多い。もちろん、こうしたことで多くの有用な情報が手に入るが、それで終わるのでは、もったいない。インターネットのプル機能はそれよりはるかに大きい。

なお、私は、プッシュを否定しているわけではない。

まず、「いま世の中で何が起きているか」を知ることは必要だ。私は、そのために、新聞の見出しを見ている（テレビのニュースでは、ニュースが出てくるまで待たなければならないし、相対的重要度を比較できないので、新聞の見出しのほうが便利だ）。

検索では、体系を知らずに知識を得られる

検索のサービスを用いれば、知識の体系を知らなくとも知識を得ることができる。単語を知っていれば、その意味を直接に知ることができる。いわば、「下から調べることができる」。目的に直接たどり着くことができるわけだ。

これは、百科事典的な方法論だ。百科事典では、知識は体系にしたがってまとめられているのではなく、対象を50音順に並べてある。隣にある項目との、内容上の関係は、まったくない。しかし、目的の対象が分かっている場合には、直接そこにアクセスできる。

体系にかかわりなく知識を得られるということは、独学者にとっては大変ありがたい点で

ある。

ただし、繰り返しになるが、独学では、知りたいことのおおよその体系を最初に把握する必要がある。そうでないと、情報の大海に溺れてしまう。

逆向き勉強法がきわめて効率的にできる

伝統的な方法で知識を得るには、学問体系にしたがって基礎知識から徐々に進み、目的の知識を獲得する。これは、「全体から部分を得る」という方法だ。

これに対して、第3章で述べた逆向き勉強法は、直接に目的の知識を学習する。その説明中に分からない事柄があれば、他の項目を参照してそれを学習する。このような方法によって学習を行うので、「部分から全体に」と言うことができる。

ところで、ウェブサイトを検索して言葉の意味を見出す場合には、知識の体系にかかわりなく、直接に目的に到達できる。さらに学びたいと思えば、より広い概念に向かって遡ることができる。これも、「部分から全体を知る」という方法だ。

このように、検索を用いた勉強法は、第3章で述べた逆向き勉強法と基本的に同じものだ。いいかえれば、逆向き勉強法を行うには、ウェブの検索が最も効率的な方法になるのだ。

第3章で述べたように、私が逆向き勉強をしていた頃には、インターネットもなければ検索エンジンもなかった。その後、ＩＴの進歩によって、百科事典で調べるのと同じことが、ごく簡単にできるようになったのである。このため、逆向き勉強法の効率性は、著しく上昇した。

百科事典を用いて学習をする場合には、どうしても他の項目を参照することが必要になる。ところが、印刷物の百科事典の場合には、この作業がきわめて面倒だ。何冊もの百科事典を開く必要があり、これは物理的に大変な作業になる。

ところがインターネットでは、他の項目の参照はきわめて簡単に行える。記事によっては、重要概念にリンクを貼ってあり、それをクリックするだけで直ちに関連サイトにジャンプして、その概念に関する説明を読むことができるようになっている。これは、「ハイパーリンク」と言われる技術だ。これによって、印刷物の時代には想像もできなかったほど容易に他項目を参照できるようになった。

インターネットの時代になって、逆向き勉強法がきわめて効率的にできるようになったのである。

2．検索のテクニック

目的の対象に絞り込むにはどうするか？

検索語を1つ入れただけでは、たくさんの対象がヒットしてしまう。その中には一般的な事項を記述しているものが多く、本当に知りたいこととは関係のないことしか分からない。これでは、目的のことを知ることができない。

例えば、「金融緩和」と入れるだけでは、一般的な解説や、現在問題になっているニュース記事を探すだけのことになる。

独学のためには、その中の何を調べるかが重要である。その問題意識が重要で、それに応じて、自分の知りたいことが書いてあるウェブサイトを探し出す必要がある。つまり、「絞り込む」ことが必要だ。

このための1つの方法は、自分が知りたいことを、文として入力することだ。

例えば、「金融緩和政策と実質賃金の関係はどうなっているか」というような文だ。

文を入れても、検索エンジンは接続詞や助詞などは無視するから、キーワードのand検索がなされることになる。and検索をするには、キーワードを空白で区切って入力するのだが、これと同じことになるわけだ。

この場合、ヒットした記事の中に目的の言葉が入っていなかったとしても、その中に何かのヒントが入っているかもしれない。そこから目的の概念に到達できる場合もある。

検索語が分からないときにどうするか？

検索エンジンを利用できるようになって、「キーワードを知っていること」が大変重要になった。検索の要点は、適切なキーワードを知ることだ。

しかし、キーワードは常に分かっているわけではない。知りたいことの名前は、必ずしも分かっているわけではないのである。

最も簡単な例を挙げれば、花の名だ。公園で見つけた花の名前を知ろうと思っても、現在の検索エンジンでは、すぐに知ることはできない。

植物の専門家であれば、「この花の名は何ですか？」と言って指さして聞けば、直ちに教えてくれる。その人がそばにいなくても、写真を撮って送れば、教えてくれるだろう。ところが、これまでの検索エンジンでは、そのような専門家ないしは物知りと同じようなことを教えてくれない。

「言葉は分かっているが、その意味が分からない」という場合に調べるのは簡単だが、その逆は難しいのである。

「意味は漠然と分かっているのだが、検索すべきキーワードが分からない（あるいは、忘れてしまった）」という場合に、どうしたらよいか？

例えば、金融緩和問題について考えていたとき、「緩和が長引くと、かえって経済抑圧的になる」という学説があったと思い出したとしよう。その説の名は何だったのか？ あるいは、その提案者は誰だったか？

「金融緩和」をキーワードにすると、きわめて多数の記事がヒットしてしまう。「金融緩和に関する法則」で検索すると、別の法則が出てきてしまう。

こうした場合は、周辺のことを手当たり次第に調べてみるしかない。そして、それに関連する文章の中にキーワードが出てくることを期待する。

しかし、目的にたどり着くには、かなりの試行錯誤が必要だろう。しかも、これは学説であって、法則とは言わないので、「法則」をキーワードに入れると、かえって見つけにくくなってしまう。

こうした問題は、金融の専門家に尋ねれば、直ちに教えてくれるだろう。知識は依然として重要なのだ。

検索をした場合に、本当に自分の知りたい情報を探しあてるのは、必ずしも容易なことではない。

最近の検索エンジンは、人工知能的な検索をするようになっているが、まだ不十分だ。

八艘とび検索法

「検索語が分からない」というのは、このような専門的な場合だけではない。

例えば、ある俳優について調べたいのだが、その名前は忘れてしまったとしよう。その人が出演した映画はいくつか見ているのだが、その映画のタイトルも忘れてしまった。そうした場合に、その俳優の名前をどうやったら知ることができるか？

１つの方法は、共演している俳優の名前で検索して、その映画のタイトルを引き出し、そこから出演俳優の名を調べることだ。

あるいは、その映画のおおよその筋書きは覚えているだろうから、ストーリーに関係のあ

図表9－1　検索の手順

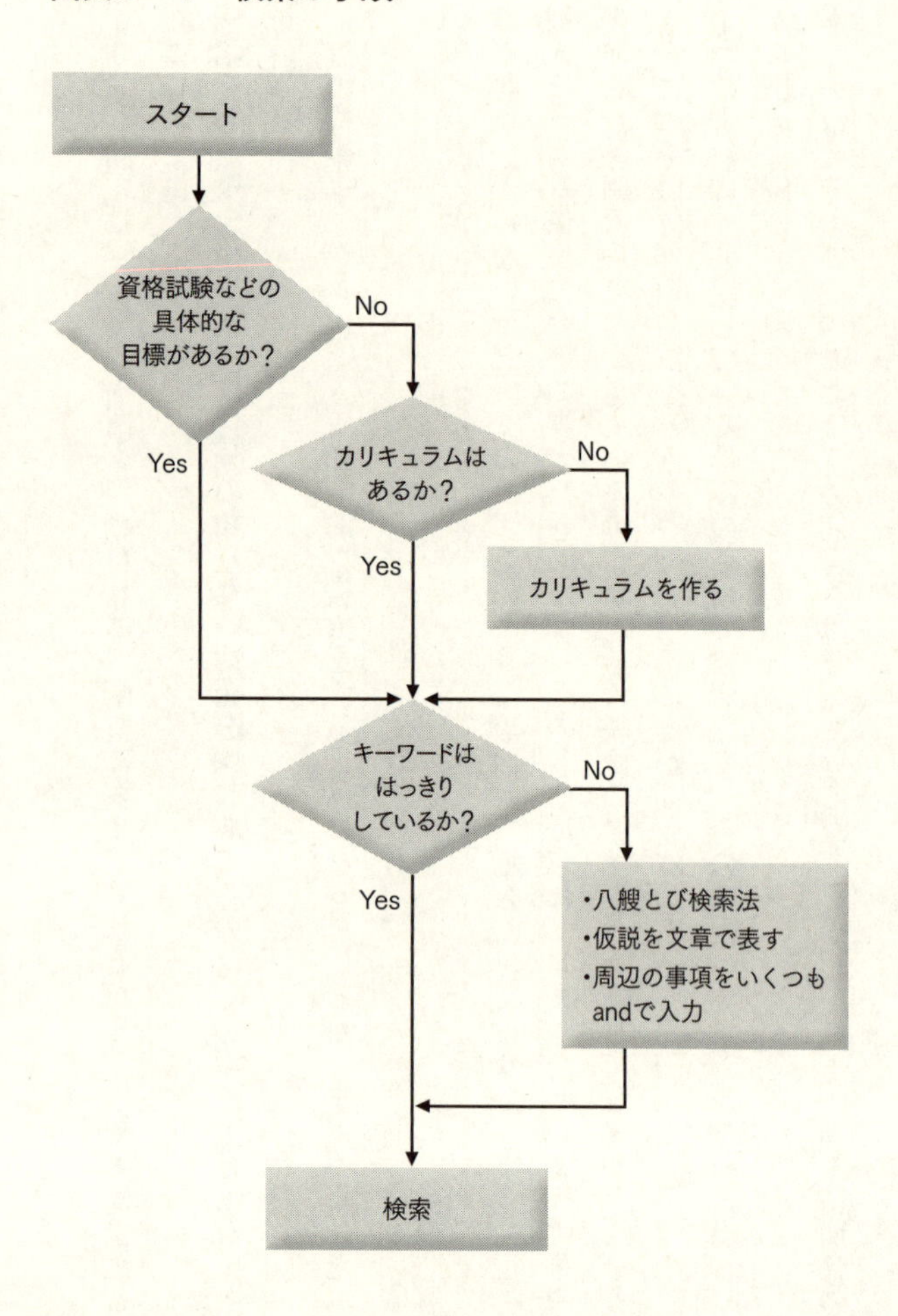

スタート
資格試験などの
具体的な
目標があるか？
No
Yes
カリキュラムは
あるか？
No
Yes
カリキュラムを作る
キーワードは
はっきり
しているか？
No
Yes
・八艘とび検索法
・仮説を文章で表す
・周辺の事項をいくつも
andで入力
検索

りそうなキーワードを並べて映画のタイトルを引き出すという方法もある。

例えば、地下の国家、反乱、女性の首相といったキーワードを並べて、「ハンガー・ゲーム　ＦＩＮＡＬ：レボリューション」というタイトルを引き出す。そこまで行けば、「ジュリアン・ムーア」という名を引き出すのは容易だ。

つまり、関連するサイトを次から次へと渡り歩くわけだ。私はこの方法を「八艘（はっそう）とび検索法」と呼んでいる。

検索テクニックの神髄は、いかにして検索語を見出すかにある。多くの場合、検索語が分かれば、「勝ち」である。目的は、ほぼ達成されたと言ってよい。

いくつかの注意事項

最近の検索エンジンは、一般的なものの他に、ニュースや画像等を分けて表示している。グーグルの場合について言えば、最近問題になっていることを知りたいのであれば、「ニュース」を開いたらよい。

また、「もっと見る」の中に、「書籍」という分類がある。ここを開くと、Google ブックスのデータを示してくれるので、体系的な知識を得ることができる。

外国語のサイトの自動翻訳はどうか？　前に比べればだいぶ改善された。しかし、専門的な内容のものは、依然としてほとんどだめである。読んでいるとかえって混乱してしまう。そこで、翻訳文ではおおよそどのようなことが書かれているかを把握するだけとし、その後は原文を読むのがよい。そのほうがずっと効率的だ。

なお、重要な情報があるウェブサイトを見つけたら、そのURLをどこかにコピーして記録しておく必要がある。情報そのものを記録する必要はないが、サイトのURLは必要だ。そうしないと、後になってまたそのサイトを探すのに、大変な苦労をすることがある。

3．検索の落とし穴

落とし穴（1）：信頼性の欠如

検索には利用価値がある。しかし、限界もあることを知っておく必要がある。それに注意しないと、落とし穴にはまる危険がある。

第1は、信頼性だ。

印刷物やマスメディアで提供される情報や知識は、何重ものスクリーニングを経ている。編集・校閲というスクリーニングを経たものだけが公に発信され、提供されている。

もちろん、スクリーニングを経たからと言って、完全に信頼できるとはかぎらない。しかし、一定の水準が確保されているとは言えるだろう。

しかし、インターネットでは、きわめて多数の人々が、こうしたスクリーニングを経ずに情報を発信している。ウェブで提供されている情報は、こうしたチェックがなされていないものがほとんどである。学校の教室にある壁新聞、あるいは町内会にある掲示板が、それまでの新聞と同じように一般的な到達範囲を持つメディアとして登場したことになる。

しかも、インターネットでの多くの発言が匿名でなされるため、無責任な言動が流れやすくなる。無責任な発言、デマ、フェイクニュース、誹謗(ひぼう)等が、簡単に発信できてしまうのだ。

こうした事情があるので、インターネットの情報を簡単に信用してはならない。少なくとも、複数の情報源に当たってチェックする必要がある。

ウェブの情報には、単に他のサイトの内容をコピーしたにすぎないものがある。したがって、複数のサイトをチェックしたからといって信頼できるわけではない。まったく異なる情報源に同じような情報がないかぎり信用しない、というほどの慎重な態度をとるほうがよいだろう。

ウィキペディアの記事は、さまざまな人によって書かれている。しかし、著者は匿名で、身元を明かしていない。このため、記事の内容の信憑性に疑問なしとしない場合がある。誰が責任をとっているのかが、はっきりしないのだ。もっとも、閲覧者からの指摘によって修正されることもあるので、むしろ信頼できるとの意見もある。実際、記事によっては、「この内容は十分な参考文献が引用されていません」というようなコメントがされているものがある。しかし、そうした自己調整機能がどの程度働いているかは、分からない。

例えば、人名の説明項目の場合、印刷物の人名辞典であれば、この記載で間違いがないかどうかとの問い合わせが、本人宛てに来る。しかし、ウィキペディアの人名項目にはこのような手続きは一切とられていない。したがって、本人がまったくかかわらないところで紹介記事が書かれているわけだ。これによって不快な思いをした人は多数いると思われる。深刻な誤りであれば訂正を要求することもできるが、軽微な誤りであれば、いちいちチェックするのも面倒で、放置してしまうことになる。その結果、誤った情報が独り歩きする結果になりかねない。

インターネットの世界は、このように信頼性が明確でない世界だ。そのために、権威にすがるという傾向も生じうる。「有名な報道機関や政府の関係者が言っていることなら信用できる」という無批判な態度が広がりかねない。こうしたことにも注意を払うべきだ。

落とし穴（2）：体系性の欠如

「ウェブの情報に信頼性がない」ということは、かなり認識されていると思う。一方、必ずしも認識されていないのは、「体系性の欠如」だ。

つまり、「ある事項が、全体の中でどの程度重要か？」ということだ。これは、検索で断片的に知識を得ているだけでは、直ちには分からない。したがって、本当に重要でないことに突っ込んでしまう危険がある。そして、単なる「雑学博士」になってしまう危険がある。

ウェブとは、さまざまな知識の集積場である。その中にきわめて重要な情報があることは事実だ。しかし、ガラクタにすぎないものも、非常にたくさんある。

検索エンジンは、それらをランダムに示すわけではなく、ある基準にしたがって順位付けして示してくれる。しかし、その順位付けが、個々の人が求めているものと一致している保証はない。

知識を体系的に学ぶには

印刷物の教科書では、知識を体系的に紹介している。知識が全体の中でどのような位置にあるかが分かる。

体系付けが最もよく理解できるのは、講義だ。講義をしているのは専門家であり、一定のカリキュラムにしたがって、講義が進められているからである。「知識を体系的に学ぶ」という点で、大学の講義に勝るものはない。

第7章で、「独学ではカリキュラムの作成が最も難しい」と言った。これは、「体系を作るのは難しい」ということである。

ウェブから検索によって情報を集めていると、体系的なものにならない可能性は大いにある。これを行うのが書籍の情報であり、大学の講義である。このことは、将来になっても変わらないだろう。

フィルターバブルとは

イーライ・パリサーは、『閉じこもるインターネット―グーグル・パーソナライズ・民主主義』（早川書房、２０１２年）の中で、「グーグルなどの検索エンジンの順位付けやフェイスブックのエッジランクなどによって、人々は偏った情報を入手することになる」と指摘した。

検索エンジンでは、フィルター機能がその人の過去の検索履歴などを参照して結果を順位付けするので、その人に最適と見なされる情報が手に入りやすくなる。他方で、自分の知らないことや反対意見などは、検索によって得にくくなる。

フィルタリングが行われると、ユーザーの世界観が操作され、視野が狭くなってしまう危険がある。パリサーは、これを「フィルターバブル」と呼んだ。

こうなると、「知らないうちに誘導される」ということがありうるわけだ。それを考えると、検索に頼りすぎることには問題があると言えるかもしれない。書籍などの印刷物から知識を得ることは、こうした危険を避けるためにも必要と言えるだろう。

最先端の分野は英語のサイトが多い

最先端の分野についいては、残念ながら、日本語のウェブサイトでは、満足のいく情報は得られないことが多い。英語の文献に当たる必要がある。この場合、検索の際に、日本語のサイトを排除して、英語のサイトだけを出すようにする必要がある。

最近では中国語の文献を読む必要が出てきた。幸いなことに日本人は漢字を読めるので、中国語を勉強しなくても、簡字体でいくつかのキーワードを知っていれば、中国語のサイトからもかなりの情報を引き出すことができる。とくに、統計のデータはそうだ。「中国語だから読めない」と最初から排除してしまうのでなく、積極的に対応することが必要だ。このための具体的な方法論は、176ページで紹介した文献を参照されたい。

第10章　人工知能の時代に独学の必要性は高まる

1. AIが人間の知的な仕事を代替する

ディープラーニングでAIの能力が高まる

AI（人工知能）の能力が急速に高まっている。

あらかじめ教えられたことだけでなく、与えられたデータによって学習する。それによって賢くなる。これは、ディープラーニングと呼ばれる機械学習の技術だ。人間の神経細胞（ニューロン）の働きを真似た仕組み（「ニューラル・ネットワーク」）をコンピュータに作り、大量のデータで学習をさせようというものだ。これにより、AIの進歩が加速している。

これまで人間がやってきたことを、コンピュータがより効率的に遂行できるようになった。

これまで、コンピュータやロボットが代替するのは単純労働が中心と思われていた。しかし、最近では、コンピュータが知的労働の分野にも進出している。

例えば、囲碁で人間を打ち負かした。翻訳もできる。データを与えられて記事を書くこともできる。

作曲もできるし、自然法則の発見もできる。

ビジネスでも使われている。ビッグデータを活用することにより、個人に合わせてアドバイスができるようになっている。

ブロックチェーンは経営者の仕事を代替する

コンピュータが人間の仕事を代替すると言うとき、普通は、右に述べたようなＡＩの影響が問題にされる。

しかし、それだけではない。ブロックチェーンの技術も、働き方に大きな影響を与える。

ブロックチェーンとは、仮想通貨の基礎になっている技術だ。コンピュータの集まりによって情報を記録・管理する。

これまで管理者や経営者が行っていた仕事を、「スマートコントラクト」というコンピュータのプログラムに置き換えて実行することができる。すると、管理者や経営者の仕事を代替することになるわけだ。

実際、ビットコインは管理者なしに運営されている。ブロックチェーンの技術は、ビットコインだけでなく、さまざまな分野で応用が広がっている。したがって、管理者や経営者がいない事業体が登場すると予測される。

2．ＡＩ時代には独学がやりやすくなる

セマンティック検索で検索が容易になる

ＡＩは、右のように人間がこれまでやっていたことを代替するだけではない。人間の知的作業を補助し、その効率を向上させてくれる。

ＡＩやブロックチェーンは、独学の手助けにもなってくれるのだ。

コンピュータの脅威だけを言うのでなく、ＡＩやブロックチェーンを利用することが必要だ。そうすることのできる人が、未来の勝者になるだろう。

例えば、ＡＩによって、検索が容易になる。これは、「セマンティック検索」と呼ばれるものだ。「セマンティック」とは、「意味的（semantic）」ということである。

セマンティック検索では、ＡＩが検索キーワードの意味を理解し、本当に必要な情報を選んでくれる。あるいは、キーワードが分からない場合においても、知りたいことをコンピュータが理解し、それを探してくれる。現在すでに、このような検索は、部分的ではあるが、行われている。物知りに聞くのと同じような検索が可能になりつつあるのだ。

第9章で述べたように、検索で問題となるのは、適切な検索語が見つからない場合だ。セマンティック検索では、ＡＩが人間の意図を推し量ってくれるので、知りたいことがすぐ分かるようになる。

また、知りたいことが外国語の文献にしかない場合も多い。その場合には、言葉が壁になる。英語以外の外国語の場合には、この壁はとくに高い。しかし、自動翻訳が進歩すると、外国語の文献を読むのは簡単になる。

こうして、獲得できる知識が広がるだろう。

もっとも、現在では自動翻訳の機能は十分でないので、英語を読めることの意味は大きい。また、後で述べるように、文学作品などの場合には、いかに自動翻訳機能が発達しても、原文を読む意義が残る。

パターン認識能力の向上で、検索できる対象が広がる

情報を伝達する方法としては、テキスト（文章）の他に、音声や画像がある。

ところが、これまで検索が可能だったのは、これらのうち、主としてテキスト文書だった。画像は、情報の伝達において重要な役割を果たすものであるにもかかわらず、それを検索するのは容易でなかった。

しかし、1で述べたようにＡＩを用いたパターン認識能力が発達したので、画像の検索も可能になった。普通の人でも、すでに、グーグルの画像検索を用いて「似た画像」を検索することが可能になっている。２０１５年の東京オリンピック・エンブレム事件では、この機能を用いて、デザイン盗用が指摘された。

第9章で、「キーワード検索では花の名前が分からない」と述べた。その問題にも答えが得られるようになってくるだろう。画像検索技術が進歩すれば、われわれの知識獲得能力はさらに向上するだろう。

ブロックチェーンに個人の学習履歴を記録する

ブロックチェーンを用いて、個人の生涯にわたる学習履歴を記録するプログラムがいくつか開発されている。

その1つであるLearning is Earningは、学校教育のみならず、コミュニティカレッジや個人から教えられたことも対象にする。そして、ブロックチェーンに記録したデータを、就職などのさまざまな機会に活用できるようにする。

現在でも、就職の際に、学歴や学校の成績のほかに、ＴＯＥＩＣ®などのテスト業者が行う試験結果が参照されることはある。ただし、それらは、アドホックに参照されているにすぎない。それをもっとシステマティックに利用しようというものだ。

大学入試の際に高校の内申書は参照されるが、参考資料程度でしかない。ましてや、学校システム以外の教育は参照されない。それらは、信頼できるデータにはなっておらず、かつ簡単に処理できる電子的なデータとして統一されていないからである。

そして、日本の大学は、いったん入学してしまえば、成績が悪くても途中で振り落とされることはなく、卒業できる。したがって、有名大学に入学すれば、人生のパスポートを得たような錯覚に陥ってしまい、勉強しなくなる。

　これでは、勉強する意欲はわかない。生涯学習の必要性が言われるが、勉強したことに対するリワードがなければ、インセンティブは生じない。だから、就職した後は、勉強するよりは、上司に取り入ったり職場の人間関係を円滑にすることのほうが重要と考えられるようになる。日本経済停滞の大きな原因は、勉強が大学入試までで終わってしまうことだ。しかし、それが変わりつつあるのだ。

　また、このシステムを奨学金に結びつけることもできる。将来有能と見込まれる学生に、投資家が投資をするのだ。奨学金制度を市場で運営するというアイデアは、昔から経済学者が夢見ていたことである。しかし評価が難しいので、実現できなかった。それが原理的には可能になる。

「Learning is earning（学習は稼ぐことだ）」という言葉を聞くと、学習を収入に結びつける実利主義のようで、反発する人がいるかもしれない。また、個人の能力が数字で赤裸々（せきらら）になってしまうことに対して、抵抗感を持つ人がいるかもしれない。

　しかし、コネ・縁故・情実などで就職が決まることに比べればずっと透明でずっと公平だ。これまで、本当に能力のある人が評価されず、たまたま社会的地位の高い家庭に生まれただけの理由で多くの利益を受けるようなことが多かった。そうした不公平がなくなることは、採用側としても望ましいことに違いない。

3．ＡＩ時代にこそ、学ぶことの価値は高まる

何が人間の仕事か？　人間は何をするか？

１で述べたように、コンピュータは、これまで人間がやってきたことを代替する。ＡＩとブロックチェーンが人間の仕事を奪う。専門家や経営者の仕事も安泰ではない。こうしたことはこれまでもあった。例えば産業革命がそうだ。しかし、今回はもっと影響が大きい。

では、そうした時代になると人間のやることはなくなるのだろうか？

確かに、ある種のことについては、コンピュータの能力は、人間より高い。囲碁もチェスもそうだ。こうした分野では、人間がコンピュータと張り合っても無駄だ。自動車と競走しても勝てないのと同じことだ。

しかし、すべてのことについて人間が劣るかと言えば、決してそんなことはない。

実際、現在のＡＩは、すべてのことについて人間と同等のことをできるわけではない。ＡＩができるのは、特定の分野にかぎられている（これを、「特化型ＡＩ」と言う）。

多くの人がＡＩについて持っているイメージは、「汎用ＡＩ」だ。これは、人間以上の感覚と、あらゆる判断力を備え、人間と同じように考えるコンピュータだ。これは、「スター・ウォーズ」の「Ｃ－３ＰＯ」など、ＳＦや映画の中に出てくるＡＩだ。しかし、人類はそれらを（少なくとも現時点では）実現できていないのである。

さらに重要なのは、ＡＩが単純作業を代替することによって、価値が高まる人間の仕事もあるということだ。「どこに人間の仕事を見出していくか？」を問い続けることが必要だ。

ＡＩ時代には、問題意識の重要性はますます高まる

ＡＩ時代において重要なのは、「私が知りたいことは一体何なのだろうか？」、あるいは、「私がすべきことは一体何なのだろうか？」ということである。

これこそ、知識の探求ということにおける、最も重要な課題である。そして、それは、その人がそれまで習得した知識と問題意識によって決定されることだ。

「何を知るべきかという方向を決めること」、これこそが最も重要な課題だ。これはＡＩによっても解決できない問題だ。

第９章で、「検索語をいかに選ぶかが重要だ」と述べた。そして、１つの言葉ではなく、文にすると述べた。これは、問題意識がはっきりしていないとできないことだ。問題意識なしに検索すれば、知識の海に溺れるだろう。

ＡＩ時代にも外国語の勉強は必要

自動翻訳が発達している。それができるようになれば、外国語の勉強は必要なくなるのだろうか？

決してそんなことはない。自動翻訳では微妙なニュアンスは伝えられないことが多い。また、正確な翻訳が必ずしもよいわけではない。

文学作品であれば、翻訳された作品と本物は別のものだ。ゲーテの『ファウスト』は、ドイツ語でしかその真価を理解することができない。英語に翻訳しただけでその価値が大きく減少してしまう。だから、いかに自動翻訳が発達しても、外国語を習得することが必要だ。

外国語を使える能力は、どんなにＡＩが発達しても要求されることだろう。

アイデアを発想するためには知識が不可欠だ

フランシス・ベーコンは、「知識は力なり」と主張した。

しかし、「もはや知識は必要なくなった」という見方がある。

グーグルの元CIO（最高情報責任者）のダグラス・C・メリルは、「（かつては）『知識は力なり』の時代」だったが、「それは古きよき時代の想い出でしかない」と書いている（ダグラス・C・メリル、ジェイムズ・A・マーティン『グーグル時代の情報整理術』、ハヤカワ新書juice、2009年）。インターネットの普及で知識は簡単に手に入るようになったから、知識は経済的価値を失ったと言うのだ。

あるいは、知識は外部メモリにあればよいという意見もありうる。確かに、物知りの価値は低下した。「歩く百科事典」は要らなくなった。

しかし私は、知識の価値そのものが低下したとは思わない。そう考える理由は、つぎのようなものだ。

新しい情報に接したとき、それにどのような価値を認めるかは、それまで持っていた知識による。新しい情報に接しても、知識が少なければ、何も感じない。しかし、知識が多い人は、新しい情報から刺激を受けて、大きく発展する。

新しいアイデアを発想するためには知識が不可欠だからだ。既存の知識と問題意識のぶつかり合いでアイデアが生まれるのである。その場合、知識が内部メモリにあってすぐに引き出せるようになっていないかぎり、それを発想に有効に使えない。したがって、アイデアの発想のためには、多くの知識を内部メモリに持っていることが必要である。

AIは疑問を抱くことができるか？

知識が必要だと考える第2の理由は、質問をする能力を知識が高めるからだ。何かを知りたいと思うのは、知識があるからだ。そして、質問を発することによって、探求が始まる。知識が乏しい人は、疑問を抱くこともなく、したがって、探求をすることもなく、いつになっても昔からの状態に留まる。

質問を発することによって探求が始まる。

ニュートンは、リンゴが木から落ちるのを見て、「リンゴは落ちるのに、なぜ月は落ちないのか？」との疑問を抱いた。そして、ここから力学法則が導き出された。

創造的な人は、それまで他の人がしなかった問いを発することによって、新しい可能性を開く。

では、ＡＩは、ニュートンと同じような疑問を抱くことができるだろうか？

リンゴが木から落ち、月が天空に留まっている動画を見せたとしても、「その２つは、万有引力と力学法則で説明できる現象であり、何も不思議なことはない」と答えるだけではないだろうか？

「これまで知られているあらゆる法則をＡＩに学習させ、それと矛盾する現象をＡＩが指摘する」ということは可能だろう。しかし、ニュートンが抱いた疑問は、これとは異質のものだ。実際、彼が見た現象は、自然法則と何ら矛盾するものではなかったのだから。

もちろん、ニュートンと同じような疑問を抱けるＡＩが将来作られる可能性は否定できない。しかし、そうした機械は、簡単には作れないだろう。

同様のことがさまざまな場面について言える。例えば、文章の執筆。すでにＡＩは、「今日の株式市場の状況について書け」と命令されれば、その要求に応えてくれる。スポーツ観戦記事も書いてくれる。

しかし、文章執筆で最も重要なのは、「一体、何について書けばよいのか？」というテーマの選定なのだ。これは、質問を発する能力と同じことだ。ＡＩには、その判断ができるだろうか?

「AIはすでにレコメンデーションやパーソナルアシスタントができるのだから、文章のテーマ選択など簡単にできる」と考えられるかもしれない。

しかし、レコメンデーションやパーソナルアシスタントは、ビッグデータからもたらされるものであり、普通の、ありきたりの考えを基にしている。それで文章を書いても、一般の人の普通の要求に応えることにしかならないだろう。

AIは、命令されれば株式市況やスポーツ記事を書ける。しかし、人間から命令されずに、『戦争と平和』の現代版を書くという気持ちにはならないのではないだろうか?

さらに、つぎのようなことも言える。知識は、何かを生産するための手段として必要なものと考えられてきた。しかし、実は知識そのものが重要なのかもしれない。つまり、知識を得ることとそれ自体に価値があるのかもしれない。これは知識に関する深遠な問いだ。

人間は、子供のときから謎解きに挑む。答えを得たところで何の役にも立たないと知っていても、謎解きの過程そのものが楽しいから、それに挑戦するのだ。

以上のように考えると、AI時代においては、勉強は必要性がなくなるのではなく、逆にますます重要性を増すことが分かる。

【ま行】

【ら行】

【わ行】

索引

野口悠紀雄（のぐち・ゆきお）
1940年東京生まれ。63年東京大学工学部卒業、64年大蔵省入省、72年エール大学Ph.D.（経済学博士号）を取得。一橋大学教授、東京大学教授、スタンフォード大学客員教授、早稲田大学大学院ファイナンス研究科教授などを経て、2017年9月より早稲田大学ビジネス・ファイナンス研究センター顧問。一橋大学名誉教授。専攻はファイナンス理論、日本経済論。著書に『情報の経済理論』（東洋経済新報社、日経・経済図書文化賞）、『財政危機の構造』（東洋経済新報社、サントリー学芸賞）、『バブルの経済学』（日本経済新聞社、吉野作造賞）、『「超」整理法』（中公新書）、『ブロックチェーン革命』（日本経済新聞出版社、大川出版賞）。近著に『入門ビットコインとブロックチェーン』（PHPビジネス新書）、『「産業革命以前」の未来へ』（NHK出版新書）など。ツイッターアカウント：@yukionoguchi10

「超」独学法
AI時代の新しい働き方へ
野口悠紀雄

2018年6月10日　初版発行
2018年7月10日　3版発行

発行者　郡司 聡
発　行　株式会社KADOKAWA
〒102-8177　東京都千代田区富士見2-13-3
電話　0570-002-301（ナビダイヤル）

装丁者　緒方修一（ラーフイン・ワークショップ）
ロゴデザイン　good design company
オビデザイン　Zapp!　白金正之
編集協力　大川朋子、黒田剛
DTP　エヴリ・シンク
印刷所　暁印刷
製本所　BBC

角川新書

ISBN978-4-04-082227-3 C0230